《世界开放报告2023》得到中国社会科学院国家全球战略智库的支持

2023
世界开放报告

中国社会科学院世界经济与政治研究所
虹桥国际经济论坛研究中心　著

中国社会科学出版社

图书在版编目（CIP）数据

世界开放报告.2023 / 中国社会科学院世界经济与政治研究所，
虹桥国际经济论坛研究中心著.—北京：中国社会科学出版社，
2023.10

ISBN 978-7-5227-2680-9

Ⅰ.①世⋯ Ⅱ.①中⋯ ②虹⋯ Ⅲ.①对外开放－研究报告－
世界－2023 Ⅳ.①F114

中国国家版本馆CIP数据核字（2023）第190750号

出 版 人　赵剑英
责任编辑　白天舒
责任校对　师敏革
责任印制　王　超

出　　版　中国社会科学出版社
社　　址　北京鼓楼西大街甲 158 号
邮　　编　100720
网　　址　http://www.csspw.cn
发 行 部　010-84083685
门 市 部　010-84029450
经　　销　新华书店及其他书店

印刷装订　北京明恒达印务有限公司
版　　次　2023年10月第1版
印　　次　2023年10月第1次印刷

开　　本　880×1230　1/16
印　　张　12.5
字　　数　151千字
定　　价　158.00元

目　　录

图 目 录

表 目 录

专栏目录

序 言

让开放之光普照全球

2023年是我们持续发布《世界开放报告》的第三个年头。这既是我们常听到全球化势弱之声的三年，也是我们聚众智之力为人类共同命运鼓与呼的三年。世界开放合作，从未如今天这般，既浩荡前行，又道险且阻。新一年《报告》继续以习近平主席提出的"建设开放型世界经济"为使命，将**"科学性、国际性、权威性"**原则贯穿始终，围绕后疫情时代的大变化，展开世界共同开放的大叙事。

一 以科学的精神探索科学

值世界之变、时代之变、历史之变沉重叩问之际，如何解好改造主观世界和客观世界所遇之惑？我们的回答是：让科学理性之光引导世界、穿越荆棘、走向坦途。

以科学测度为切入，我们通过构建**世界开放指数**，从经济、社会、文化、政策、绩效等维度来衡量世界各经济体、各领域的开放程度，努力填补该领域的研究空白，作为现有全球性指标的重要补充。开放指数自面世以来，逐渐从一株象牙塔里的科研"幼苗"成长为世界发展的实践"新绿"，赢得众多读者朋友的认可，逐步成为大家肯定的国际公共产品。以之为工具，我们得以更好回望世界开放的来路、洞察世界开放的现实、展望世界开放的未来。

在指标编制过程中，我们坚持把科学性原则放在首位。**求真：**为精确地衡量世界各国和各地区的开放程度，遵循科学的开放理论，应用适宜的统计学方法，采集来自联合国、世界贸易组织、世界银行等国际权威机构发布的客观且可靠的数据。**唯实：**既遵循国际经济学界的主流看法，又切合当今世界的开放实践和各国的开放政策，全面考虑货物、服务、人员、资金、信息等要素的流动，以经济开放特别是贸易开放为主，结合相关联的社会开放和文化开放，同时又综合考虑了国情差异。**出新：**突破性地把指数的时间窗口拉到了最近，对于尚未发布2022年官方数据的部分指标，我们采用通用的统计办法预估了这些基础数据，使2023年的《报告》得以首次将指数更新至《报告》发布的前一年，发布最新的即2022年的世界开放指数，有效地提高了时效性和政策参考度。

《报告》第1、3章重点展示了新一年开放指数研究的最新成果。**2022年的世界开放延续了2008年以来总体下降的走势，国家之间、领域之间、区域之间的开放态势分化加剧。积极开放与保守封闭正激烈碰撞、胶着对立，维护和扩大世界开放仍需各国共同努力、相向而行。**

世界开放"寒意"犹浓。2022年，世界开放指数为0.7542，比2008年的0.7975低5.4%，也是连续第七年介于0.75和0.76之间，比2020年微升0.17%，比2021年下降约0.4%，为2008年以来第二低的水平，回升基础仍不稳固。世界经济开放收紧，社会与文化开放在较低位徘徊，开放政策和开放绩效仍然低迷。

开放表现"温差"拉大。从贡献看，2022年有78个经济体对世界开放正贡献，有51个经济体对世界开放负贡献。2008—2022年，发达经济体开放指数从0.8543降至0.7882，下降7.7%；新兴经济体和发展中国家则从0.6741升至0.7067，提高4.8%。从领域看，2022年世界文化开放指数和世界经济开放指数同比分别下降2.9%和0.4%，而世界社会开放指数上升0.46%。

开放动力"破冰"有望。 2022年世界开放政策指数为0.7469，较前一年下降0.9%，开放绩效指数为0.7618，在2021年提升0.1%基础上再升0.1%。推动全球开放的积极动力不断累积，比如科技进步、数字智能、绿色发展，进一步减少了货物、服务、信息等要素流动的阻力，提升了开放绩效。同时，政策领域也不乏进展，如签证开放指数从0.76稳步提升至1.07，2023年以来的国际航班客运量已经恢复到2019年的90%以上。

二　以开放的气度书写开放

自《报告》创立之初，我们就坚持开放合作的核心要义，既以之为目标，又以之为方法。《报告》旨在凝聚全球开放共识、推动世界共同开放、提升各国人民福祉，其撰写和发布，就应更具包容性和国际性。

为更好体现《世界开放报告》的"开放性"，在充分吸收前两届《报告》发布暨国际研讨会与会嘉宾意见建议的基础上，2023年2月我们在中国杭州、4月在意大利罗马、瑞士日内瓦，专门举办了三场国际研讨会，深入听取联合国贸发会议、联合国粮农组织、联合国工发组织、联合国全球契约组织、国际贸易中心、世贸组织、世界知识产权组织等众多国际组织和智库的意见建议。越来越多的专家学者参与到《报告》的研究当中，他们或是内容的设计者，或是具体章节的撰写者，或是初稿的评议专家，或是研讨会的咨询专家，**真正使《报告》汇聚起全球的开放智慧、开放力量。**

"积力所举则无不胜，众智所为则无不成"。正因有了众多政、商、学、研有识之士的热情广泛参与，我们就开放主题做出了更深入的学理研究，也在开放实践上达成了更务实的政策共识，《报告》第2章、第8—11章即从理论和实践的角度充分展示了各国与世界在开放中的良性互动。借此，我们得以**在这个充满不确定性的时代，更深刻地理解"开放则兴、封闭则衰"的历史逻辑，回答好开放"三问"。**

——为何开放？无论从理论还是实践看，各经济体的开放度和经济发展共同的趋势性都充分说明：开放是国家繁荣发展的必由之路，是对人民好、各国好、世界好的大事业。二战后，美国通过签署贸易协定等措施大幅削减关税，平均进口关税从1944年的33%降至1950年的13%，自由贸易的理念不仅促进了美国经济的增长，也有助于全球的经济发展。今天，面对全球经济复苏乏力、"四大赤字"日益凸显的考验，各国更有责任为历史的进步添砖加瓦，以共同开放促进国内发展与世界发展的"双赢"。

——以何开放？高水平的开放能力才能支撑高水平的开放度。只有注重在开放中培育开放能力，才能承担更大的开放责任，同时获取更高的开放收益。1995年世贸组织成立以后，先后有36个新成员加入。通过分析其"入世"前后跨度30—40年的GDP、进出口和吸引外资等数据变化趋势可发现：2/3的成员"入世"后经济明显改善，1/3的成员的经济变化不明显或受损。各成员"入世"损益的不同，重要原因是其开放能力的差异。世界各国特别是新兴市场和发展中经济体，需高度重视国家开放能力的建设。

——**何以开放**？最优的开放应是最合意的开放，开放能力的利用达到其最大值，相应的开放度就是最合意的开放度。"橘生淮南则为橘，生于淮北则为枳"，应在不同时期、不同发展水平上把握开放的"度"，既不能束手束脚，也不能盲目大胆。随着一国发展水平的提升，开放能力得以进步，合意的开放度也应同步呈现阶梯式递进的路线。改革开放 45 年来，中国沿海、内陆、沿边梯度开放，按"点—线—面"次第展开，新时代中国实行更加积极主动的开放战略，进博会越办越好，共建"一带一路"成为深受欢迎的国际公共产品和国际合作平台，走出了一条改革与开放、中国与世界良性互动的道路，成为合意开放的范例。

三 以创新的风尚澎湃创新

经济全球化自诞生以来，其多维复杂的特征不断变迁，其影响利弊共存、因国而异，但企业作为全球化主体的作用始终不减。基于此，我们在案头钻研之外，也更加注重调查研究，在 2023 年《报告》的撰写过程中，不仅邀请了更具代表性的世界 500 强企业参与研讨，也更多地走向企业一线，深挖"源头活水"。

从中国的沿海县城到大洋彼岸，从传统的制造业工厂到新兴的平台型企业，我们看到，在存量竞争激化、"内卷"博弈升级的当下，企业家更加关注挖掘增量，不断"把蛋糕做大"，当"半球化""慢球化""全球化曲终人散"等杂音甚嚣尘上之时，实业者更多谈及的是"新赛道""新蓝海"，乃至"新的全球化"。

作为观察世界开放趋势的"探路者"，我们深刻感受到，创新是新时代的课题，也是新时代的机遇。《报告》第4-5章聚焦数字经济与绿色贸易对国际经贸合作的深远影响，阐释了在**数字与绿色的新风尚下，全球化不会散场，而会开拓新局面**。

数字经济新引擎。数字经济作为继农业经济、工业经济之后的主要经济形态，不仅催生新产业，而且赋能千行百业，已成为全球经济增长和创新发展的重要动能。预计到2026年，全球主要国家数字经济占全球GDP比重将达54%。伴随数字经济、数字贸易的蓬勃增长，数字相关规则的内涵、外延也不断扩展，跨境数据流动、数字知识产权和税收相关规则均取得新突破，并纳入越来越多的国际协定之中。数字技术具有跨越人类交流障碍的天性，必然为扩大开放带来强劲动力。

绿色低碳新赛道。绿色低碳是人类可持续发展的必然之举。2022年，世界绿色进出口总额达到8.84万亿美元。近十年来，绿色贸易在全球货物贸易总额中占比维持在20%—23%，仍有巨大的增长空间。各国加强在碳定价、碳规则等方面的沟通与协调，减少"绿色壁垒"，加速绿色低碳产品和技术在全球范围的扩散，必将开拓出更广阔的开放合作领域。

开放格局新变化。经济全球化遭遇逆流，全球秩序面临重塑，新兴市场和发展中经济体作为全球开放的重要参与者，寻求互利开放的愿望更加强烈，需求更加迫切。近二十年来，新兴市场和发展中经济体经济增速总体领跑发达经济体，对全球价值链的贡献持续提升，基本保持了高于发达经济体的贸易增速，也日渐成为国际投资的重心，在世界开放与全球经济治理中作用越来越大，推动经济全球化走向开放、包容、普惠、平衡与共赢。

四　以历史的视野创造历史

当我们讨论开放时，最不容忽视，也是被越来越多提及和关注的，就是与之伴随的安全议题。当理性让位于一己之见的价值观，效率让位于绝对的安全观，如何正确看待经济全球化背景下的对外开放与国家安全？欲知大道，必先为史。

开放和安全是否非此即彼？开放就一定不安全吗？西方有句话，"不是商品走出去，就是士兵走出去"，当年英荷战争和美国独立战争，都与贸易垄断相关。中国明朝与北元政权打打停停，榷场贸易一旦开放，就会带来边境的和平安宁；张骞的"凿空之旅"，缘起是联合月氏国共同防御匈奴，最终却开启了绵延两千年不绝的丝绸之路。

历史昭示，开放的确会使一国面临的风险因素增加，但也会使其在与外界的贸易、信息交流中壮大实力，提高维护安全的能力，同时通过与外界增进互信、深化利益捆绑，获得更为稳定的外部环境。冷战思维不能带来安全，以邻为壑也不能带来安全，世界安全问题的根本出路，是**倡导共同、综合、合作、可持续的安全观，在开放与安全间做出更高水平的平衡**。《报告》第6—7章从理论角度揭示了二者的辩证关系。

并育而非相害。物理学的熵定律同样证明，开放不一定危险，但封闭一定不安全。《报告》提出，得到了一个经济体开放能力保证的开放度，是该经济体的合意开放度。在合意开放度下，经济体越开放就越发展、越发展就越安全。我们不应只强调开放的安全性，而偏废安全的开放性、安全的发展性。

中道而非极端。一个彼此联系的世界，并不存在绝对安全的世外桃源，一方企图达到"绝对安全"，另一方就会感到"绝对不安全"。安全的泛化和极化，只会带来国家内部的僵化和外部关系的保守，既损人又伤己。"安全的泛化"反而将导致"不安全的泛化"。同样，缺乏安全护栏的开放则是没有确定性、没有可持续性的开放，应在全球层面探寻最优开放、最佳安全、最大发展之间的黄金结合点。

和合而非排他。全球安全问题的联动性、跨国性、多样性日益突出，《报告》认为，平等、开放、合作、共享的世界经济秩序，对提升产业链供应链韧性与安全水平至关重要。各国应在多边主义路径下，统筹开放与安全，在合作共赢中提高开放能力，在交流互鉴中扩大共同安全。正如马克·吐温所言："如果你身上唯一的工具是一把锤子，那么你会把所有的问题都看成钉子"，在携手同行的时代，我们不应只看到这把所谓"安全"的工具，更应看到中华文明中的"协和万邦"、西方文明中的"博爱济众"、伊斯兰文明中的"宽容仁爱"，把共同的挑战放在团结合作中更好地解决。

当我们从亿万公里外的太空回望地球，沟壑与山川俱平，海疆与陆界顿消，族群与文明的界限不再，人类是统一的命运共同体，成为更为具象的事实。我们理应在前进还是后退、开放还是封闭、合作还是对抗中作出正确选择，不让这颗星球踟蹰流浪甚而走向歧途。科幻作家曾断言，"我们要么拥抱宇宙，要么一无所有。"我们也可借此预言，我们要么拥抱开放，要么也将一无所有。要开放不要封闭，要合作不要对抗，要共赢不要独占，理应成为砥砺前行的基础共识，共同追寻人类的美好梦想。

第一章

世界开放指数2022

世界经济开放则兴，封闭则衰。当前世界百年未有之大变局加速演进，人类社会又一次站在了选择的"十字路口"。世界开放指数显示，近年来世界开放持续低迷，但也蕴含着扩大开放的希望。

本章关于开放指数的计算，需说明两点。其一，为体现开放指数的时效性，从2022年开始，开放指数的编制时滞从两年缩短为一年。最新年份的指数，主要基于标准方法对可获得的当年部分基础数据进行估算。后续，将根据最新数据进行相应调整，并在之后的《世界开放报告》中更新[①]。其二，作为权重计算依据的GDP指标，国际组织统计口径发生变化（从2010年不变价改为2015年不变价）。本章2021—2022年相关指数均按更新后的口径测算，2008—2020年历史数据亦作出相应调整。

一 世界开放指数

（一）世界开放总体走缓

2022年世界开放指数为0.7542，同比下降0.4%，比2019年下降0.4%，比2008年下降5.4%。

2021年世界开放指数为0.7573，同比提高0.6%、略超2019年水平，比2008

---

① 此测算方法为国际通行惯例。《世界开放报告2022》将世界开放指数更新至2020年，本书更新其2021年和2022年数值。

年下降5.0%。

2008—2022年世界开放指数，见图1.1。

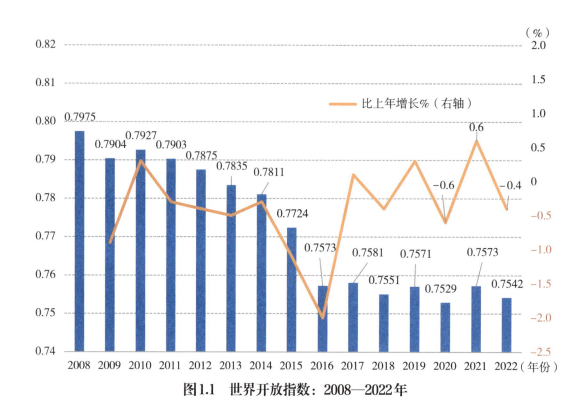

图1.1 世界开放指数：2008—2022年

2022年世界开放指数比2021年减少0.0031个单位，是129个经济体开放扩大或收紧的综合结果。

——扩大开放的主要因素：国际贸易扩大、国际游客与留学生增加、出入境政策开放和国际投资协定签订，对世界开放指数的贡献分别比2021年增加0.00388、0.00028、0.00015和0.00008个单位，合计增加0.00439个单位。

——导致开放收紧的主要因素：非关税措施增加、跨境直接投资下降、科学文献国际引用减少、金融开放政策收紧，导致相关指标对世界开放指数的贡献分别比2021年减少0.00488、0.00104、0.00059和0.00014个单位，合计减少0.00665个单位。

——78个经济体对2022年世界开放指数的贡献超过其2021年贡献，合计增加0.0043个单位。在该增量中，印度占比16.3%，爱尔兰占比7.1%，西班牙占比6.4%。

——51个经济体对2022年世界开放指数的贡献小于其2021年贡献，合计减少0.00738个单位。在该减量中，美国占比23.6%，日本占比16.6%，德国占比11.2%。

2022年世界开放指数比2008年减少0.0433个单位，15年间世界开放水平总体呈收紧趋势。

2008—2022年，尼泊尔、佛得角、冰岛、韩国、中国等经济体开放指数升幅最大。中国扩大对外开放成效显著，开放指数从0.6789升至0.7517，升幅位居全球前列。

（二）开放水平最高的20个经济体

新加坡是2022年最开放的经济体，其开放指数高居129个经济体之首。2008年以来的15年中，新加坡近8年（2015—2022年）连续为全球最开放的经济体，在此前7年（2008—2014年）则排名第二。

德国和中国香港在2022年开放指数排名中继续分列第二位和第三位。这两个经济体在过去15年均处于第二至四位。

爱尔兰、马耳他、荷兰、澳大利亚、瑞士、塞浦路斯、英国分列第四至十位。

比利时、加拿大、法国、韩国、奥地利、新西兰、卢森堡、瑞典、希腊、丹麦分列第十一至二十位。

德国、澳大利亚、英国、加拿大、法国、韩国六个二十国集团（G20）成员，位居最开放的20个经济体之列。

前述经济体在2008年以及2019—2022年开放指数排名中的位次，见表1.1。

表1.1　　　　　　　　　　**开放水平最高的20个经济体**
（以2022年排名为序）

经济体	2022年	2021年	2020年	2019年	2008年
新加坡	1	1	1	1	2
德国	2	2	2	3	3
中国香港	3	4	3	2	4

续表

经济体	2022年	2021年	2020年	2019年	2008年
爱尔兰	4	3	4	4	11
马耳他	5	6	9	9	7
荷兰	6	10	11	7	9
澳大利亚	7	8	6	6	25
瑞士	8	9	8	8	12
塞浦路斯	9	12	15	15	16
英国	10	11	7	5	5
比利时	11	14	14	14	13
加拿大	12	7	5	11	8
法国	13	15	13	13	10
韩国	14	13	10	10	55
奥地利	15	18	21	20	19
新西兰	16	17	17	17	21
卢森堡	17	5	12	16	49
瑞典	18	22	24	25	20
希腊	19	24	30	34	36
丹麦	20	20	25	23	26

　　129个经济体在世界开放指数榜单上的具体数值和排名，见本报告附录第一和第二部分。

二　不同专题开放指数

　　近年来，相关领域（经济、社会、文化[①]）、政策与绩效[②]等方面的开放表现如下。

---

　　① 经济开放覆盖国际货物与服务贸易、直接投资和证券投资等指标，社会开放覆盖国际游客、留学生和移民等指标，文化开放覆盖国际知识产权贸易、专利申请、科学文献引用和文化货物贸易等指标。
　　② 开放政策指经济、社会等方面跨境开放政策，体现各经济体的开放意愿。开放绩效指跨境经济、社会、文化开放载体的流动，体现开放的直接结果。关于世界开放指数的概念、理论、方法和数据，参见本书附录第三部分。

（一）世界经济、文化开放收紧，社会开放小幅回升

经济开放指数有所下滑。 2022年世界经济开放指数为0.8948（见图1.2），同比下降0.4%，比2019年提高1.2%，比2008年下降6.7%。

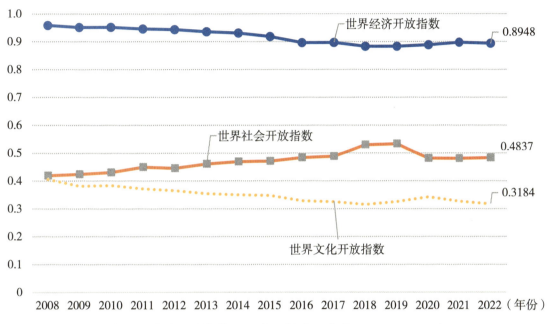

图1.2　世界开放指数，经济、社会、文化：2008—2022年

——2022年，经济开放指数最高的10个经济体为：新加坡、中国香港、德国、爱尔兰、马耳他、瑞士、比利时、荷兰、法国、立陶宛。

——2008—2022年，经济开放指数升幅较大的经济体为：尼泊尔（89.4%）、佛得角（13.6%）、冰岛（13%）、韩国（11.7%）、柬埔寨（9%）。

文化开放指数明显下降。 2022年世界文化开放指数为0.3184（见图1.2），同比下降2.9%，比2019年下降2.7%，比2008年下降21.7%。过去15年，该指数总体持续震荡下降。

2022年世界文化开放指数同比降幅中，国际科技文献交流因素占54.8%，文化货物贸易因素占21.6%，知识产权贸易因素占19.6%。

——2022年，文化开放指数最高的10个经济体为：美国、爱尔兰、卢森堡、中国香港、新加坡、德国、中国、柬埔寨、日本、加拿大。

——2008—2022年，文化开放指数升幅较大的经济体为：希腊（355.2%）、卢森堡（224.8%）、苏丹（173.2%）、阿塞拜疆（125.3%）、亚美尼亚（121.5%）。

社会开放指数小幅回升。2022年世界社会开放指数为0.4837（见图1.2），同比提高0.46%，比2019年下降9.4%，比2008年提高15.2%。过去15年，该指数大部分时间呈上升势头，但受疫情等因素影响，2020年大幅下降9.8%，2021年进一步下降0.1%。

——2022年，社会开放指数最高的10个经济体为：中国澳门、德国、澳大利亚、新加坡、塞浦路斯、英国、卢森堡、奥地利、加拿大、新西兰。

——2008—2022年，社会开放指数升幅较大的经济体为：阿尔巴尼亚（196.5%）、波黑（161.3%）、格鲁吉亚（159.5%）、哥伦比亚（154.7%）、毛里求斯（118.4%）。

（二）世界开放政策和开放绩效走势分化

开放政策指数下滑。2022年，世界开放政策指数为0.7469（见图1.3），同比下降0.9%，比2019年下降0.1%，比2008年下降7.7%。

——2022年，开放政策指数最高的10个经济体为：新加坡、瑞士、澳大利亚、立陶宛、韩国、拉脱维亚、爱沙尼亚、德国、意大利、西班牙。

——2008—2022年，开放政策指数升幅较大的经济体为：尼泊尔（109.3%）、佛得角（16.1%）、韩国（15.3%）、冰岛（15.3%）、哥斯达黎加（12.7%）。

开放绩效指数微升。2022年，世界开放绩效指数为0.7618（见图1.3），同比提高0.1%，比2019年下降0.73%，比2008年下降2.9%。

——2022年，开放绩效指数最高的10个经济体为：美国、新加坡、中国香港、德国、中国、爱尔兰、中国澳门、马耳他、卢森堡、荷兰。

——2008—2022年，开放绩效指数升幅较大的经济体为：尼泊尔（54.4%）、中国（18.2%）、卢森堡（14.8%）、柬埔寨（12.3%）、爱尔兰（11.9%）。

图1.3　世界开放指数，政策和绩效：2008—2022年

三　不同组别经济体开放指数

世界开放指数覆盖的129个经济体可进行如下分组：地理区域分组；收入水平分组；发达程度分组；共建"一带一路"国家；G20[①]；金砖国家[②]。其中，地理区域分组和收入水平分组依据来自世界银行；发达程度分组来自国际货币基金组织（International Monetary Fund，IMF）。各分组成员经济体清单，见本报告附录第四部分。

（一）2022年南亚地区、东亚与太平洋地区开放小幅扩大，其他地区开放收紧

2022年，开放指数由高而低的区域依次如下：欧洲与中亚地区，位列第一

---

①　本书与G20成员相关的开放指数测算，仅涉及G20的19个成员国，不含欧盟、非盟。2023年9月9日，非盟正式加入，G20成员增至21个。

②　本书中的金砖国家仅包括巴西、俄罗斯、印度、中国、南非共和国五国。2023年8月24日，金砖国家扩员为11国。

名，开放指数为0.7788；北美地区、东亚与太平洋地区分列第二、三名，开放指数分别为0.7763和0.7592；拉美与加勒比地区、中东和北非地区、南亚地区、撒哈拉以南非洲地区分列第四至七名，开放指数分别为0.6918、0.6811、0.6453和0.6203。

2022年开放指数提高的区域仅南亚地区以及东亚与太平洋地区，分别提高0.22%和0.01%。其余五个区域的开放水平均下降，其中中东和北非地区降幅最大，为0.82%，另外四个地区的降幅介于0.1%和0.6%之间。

同2019年相比，2022年拉美与加勒比地区开放指数降幅最大，达1.54%，中东和北非地区下降1.1%，南亚以及东亚与太平洋地区分别下降0.58%和0.5%。

2008—2022年，上述区域的开放势头分为两类：扩大开放的区域有三个，即东亚与太平洋地区、南亚地区以及欧洲与中亚地区，开放指数分别提高4.6%、2.7%和1.8%；收紧开放的区域有四个，其中北美地区降幅最大，达18.4%，中东与北非地区下降1.15%。

各区域2008年以来开放指数，如图1.4所示。

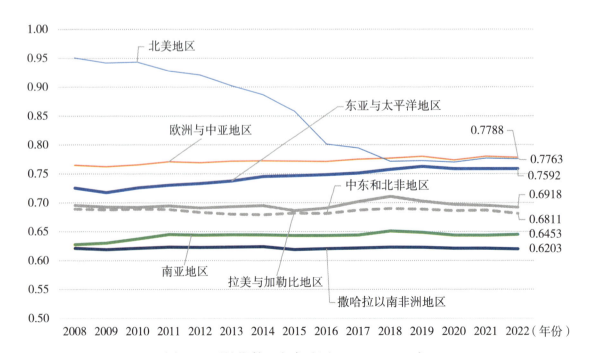

图1.4　开放指数：七个地区，2008—2022年

（二）2022年中等偏下收入经济体开放指数降幅最大

2022年，高收入经济体、中等偏上收入经济体、中等偏下收入经济体、低收入经济体的开放指数分别为0.7853、0.7232、0.6056和0.6489。其中，前两组经济体开放指数最高，中等偏下收入经济体开放指数最低。可见开放水平同发展程度之间高度正相关的关系没有改变。

同2021年相比，除低收入经济体外，其他三组经济体的开放均出现收紧。高收入经济体开放指数下降0.37%，中等偏上收入经济体下降0.5%，中等偏下收入经济体下降0.54%，低收入经济体微升0.1%。

同2019年相比，2022年所有四个收入组的经济体开放均出现收紧。其中，高收入经济体开放指数下降0.24%，中等偏上收入经济体下降0.32%，中等偏下收入经济体下降0.57%，低收入经济体下降0.23%。

2008—2022年，仅高收入经济体的开放收紧，开放指数下降7.5%；其余三组经济体的开放都在扩大，中等偏上收入经济体、中等偏下收入经济体和低收入经济体的开放指数分别提高6.3%、5.1%和0.6%。

2008年以来不同收入组的开放指数，见图1.5。

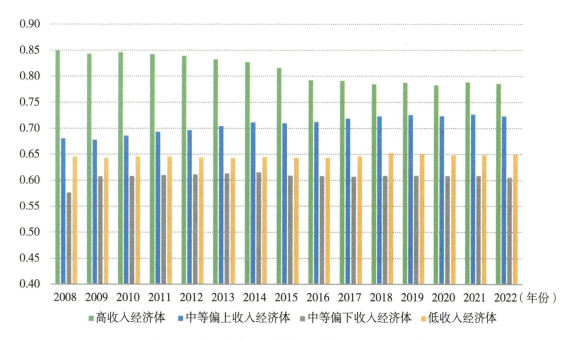

图1.5　开放指数：不同收入组，2008—2022年

（三）2022年新兴市场和发展中经济体、发达经济体开放均小幅收紧

IMF将全球经济体分为发达经济体（Advanced Economies）以及新兴市场和发展中经济体（Emerging Market and Developing Economies）。当前，全球共有41个发达经济体、156个新兴市场和发展中经济体，其中分别有36个和93个为世界开放指数的样本。

2022年，这两组经济体的开放均小幅收紧。发达经济体开放指数为0.7882，新兴市场和发展中经济体开放指数为0.7067，同比分别下降0.34%和0.44%。

同2019年相比，2022年两组经济体的开放均小幅收紧。发达经济体开放指数下降0.2%，新兴市场和发展中经济体开放指数下降0.3%。

2008—2022年，发达经济体开放指数下降7.7%，新兴市场和发展中经济体开放指数提高4.8%。过去15年，发达经济体开放均以收紧为主，新兴市场和发展中经济体则以扩大为主，且前者降幅超过后者升幅。

这两组经济体2008年以来开放指数的趋势，见图1.6。

图1.6　开放指数：发达经济体以及新兴市场和经济体，2008—2022年

在发达经济体中，欧盟、欧元区以及七国集团（G7）的开放指数，见图1.7。

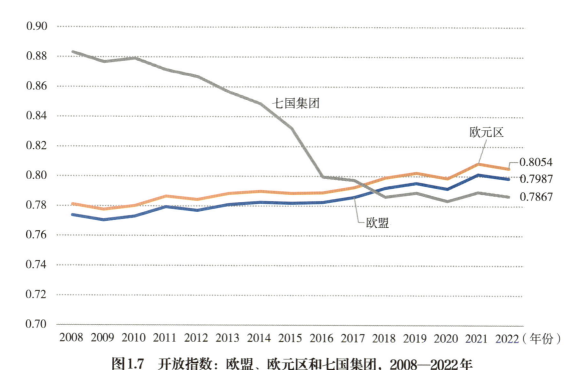

图1.7　开放指数：欧盟、欧元区和七国集团，2008—2022年

2008年以来，欧盟是世界扩大开放的重要力量。

——欧盟开放指数2022年为0.7987，同比下降0.35%，比2019年提高0.4%，比2008年提高3.2%。

——欧元区开放指数2022年为0.8054，同比下降0.42%，比2019年提高0.36%，比2008年提高3.1%。

与欧盟或欧元区形成反差，2008—2022年，G7的开放指数呈下降趋势，且降幅远超世界开放指数变动的幅度。2022年G7开放指数为0.7867，比2021年下降0.3%，比2019年下降0.3%，比2008年下降10.9%。值得注意的是，2018年之前，G7开放指数高于欧元区和欧盟，但两者差距快速缩小。2018年以后，G7开放指数低于欧元区和欧盟。

（四）二十国集团开放指数小幅下降

二十国集团（G20）的19个成员国均纳入世界开放指数的样本，作为一个整体的开放指数，见图1.8。

2022年，G20开放指数为0.7590，同比下降0.4%，比2019年下降0.5%，比

2008年下降7%。

2008—2022年，G20开放指数从0.8161降至2016年的0.7656，2017年以来在0.7580至0.7660之间小幅震荡。

G20开放指数与世界开放指数之比，2008—2014年介于1.023∶1和1.018∶1之间，2015年以来加速下滑，降至2022年的1.006∶1。G20近年来持续收紧开放，需予以高度重视。

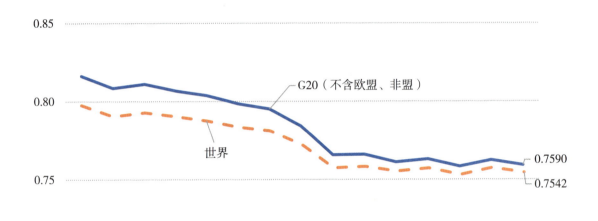

图1.8　开放指数：二十国集团（不含欧盟、非盟），2008—2022年

（五）2022年共建"一带一路"国家开放小幅收紧

共建"一带一路"国家已达150多个，其中99个纳入世界开放指数的计算样本，作为一个整体的开放指数，见图1.9。

2022年，共建"一带一路"国家开放指数为0.7262，同比下降0.5%，比2019年下降0.2%，比2008年提高5.3%。

2008—2022年，共建"一带一路"国家开放指数与世界开放指数之比，2008年为0.86∶1，2018年升至0.96∶1，并维持至2022年。

图1.9　开放指数：共建"一带一路"国家，2008—2022 年

（六）2022 年金砖国家开放指数小幅下降

金砖五国作为一个整体的开放指数，见图1.10。

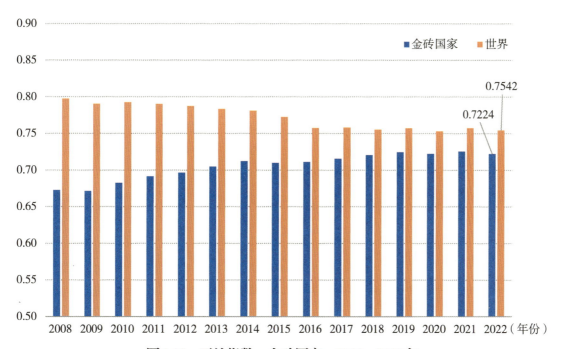

图1.10　开放指数：金砖国家，2008—2022 年

2022 年，金砖国家开放指数为0.7224，同比下降0.5%，比2019 年下降0.3%，比2008 年提高7.4%。

2008—2022 年，金砖国家开放指数从0.6728持续提高，2013 年突破0.7升至

0.7051，2021年升至0.7257的新高。

金砖国家开放度与世界平均水平的差距不断缩小，开放指数之比从2008年的0.844：1升至2022年的0.958：1。

总体来看，2008年以来世界开放持续弱化。2022年，世界开放依然低迷，收紧开放的力量同扩大开放的力量相互交织，世界开放局势日益复杂。高收入经济体、G20、金砖国家开放同时收紧，值得高度关注。

第二章

开放能力与合意开放

决定一国开放度合意与否的关键变量是该国的开放能力。本章重在探讨国家开放能力的内涵与外延，引入国家开放能力的测度方法，以 G20 成员为研究对象，测度其开放能力，评估开放能力同开放度之间的一般性数量关系，以及这些成员特定时期开放度的合意性。

一　合意开放视角下的开放能力

一个国家合意开放度（warranted openness），意指得到该国开放能力保证的开放度。[1] 开放能力是决定开放度合意性的关键因素[2]。

（一）国家开放能力的内涵

国家开放能力（state capacity/capability to open up），指在特定理念的指导下，在特定制度环境中，一个经济体同其他经济体之间，开展经济、社会、文化等层面的交往，通过竞争与合作，相互进行货物、服务、人员、资金、技术、知识、信息、数据等跨境交流与配置，开展生产、交换、消费、投资，从而获得

---

[1]　中国社会科学院世界经济与政治研究所、虹桥国际经济论坛研究中心：《合意开放度：基于部分国家的探析》，载《世界开放报告2022》，中国社会科学出版社2022版，第26—28页。

[2]　本章关注一个国家或地区作为整体的跨境开放能力。为简化行文，本章随后将"国家或地区"简化为"国家"，这并不意味着本章在政治意义上将"地区"等同于"国家"。

开放收益并承担相应责任的力量、技能、品质、属性或态度。

> ## 专栏2-1　什么是能力？
>
> "能力"一词在中文中的含义是明确的，即实现一个目标或完成一项任务所体现出来的综合素质，或"能量和力量"。[1]任一行为体的能力主要有如下三层内容：在某些任务中所掌握的综合素质或资源要素；在实践中所实现的实际效能；在完成任务中所展现的较积极心理特征。[2]
>
> 在英文中，同中文"能力"相关的词有多个，如：
>
> ——能力（ability）：为通用词汇，指身体上、智力上、精神上、法律上、道德上、经济上等方面做事或行动的权利、技能等，或有能力的品质、属性、状态。泛指各种能力，包括现实能力和潜在能力，或来自天赋，或为后天习得。
>
> ——显性能力（capacity）：比ability更为正式，即当前已经具备的能力，多指现实最大能力。"国家能力"现有相关文献绝大多数采用本词语。
>
> ——潜能（capability）：多指在适当条件下可以开发出来的最大能力，即潜在能力，兼重数量和质量，在数量上通常比capacity更高。[3]
>
> ——效能（competence）：多指足以胜任特定实践质量和绩效要求的专业能力。
>
> 以上总结主要基于www.thefreedictionary.com网站的相关查询结果。该网站集成了经典英语辞典内容。

（二）国家开放能力的外延

国家开放能力的外延可以基于"观念—制度—器物"的框架来把握，相应

---

① 黄宝玖：《国家能力：涵义、特征与结构分析》，《政治学研究》2004年第4期，第68—77页。

② 韩庆祥：《能力本位》，中国发展出版社1999年版，第81页。

③ 以state capability表示国家能力的代表文献如Andrews, M., Pritchett, L., Woolcock, M., "The Challenge of Building (Real) State Capability", CID Working Papers 2015, No.306, Center for International Development at Harvard University.

的国家开放能力可从三个层次衡量：国家开放观、国家开放制度和国家可开放资源。

国家开放观。既立足本国文化历史传统、自然地理环境、经济社会发展状况以及国际关系等方面的国情，也顺应世界科技、经济、文明等发展潮流。主要包括：合作共赢的开放观、零和对抗的开放观、闭关锁国观、先封闭后开放的开放观。

——合作共赢的开放观。一国的跨境开放既维护本国主权、安全、发展利益，维护和发展人民利益，又促进世界和平与发展、推动构建人类命运共同体。国家开放必须独立自主，国际交往以互相尊重主权和领土完整、互不侵犯、互不干涉内政、平等互利、和平共处为原则，全球治理共商、共建、共享，全球安全是共同、综合、合作且可持续的，全球发展是公平普惠、开放合作、全面协调、创新联动的，人类各种文明之间是平等、互鉴、对话、包容的。

——零和对抗的开放观。世界各国相互开放，国际关系主要是竞争性而非合作性的，并按局部竞争定义国家之间的全方位关系。在世界经济、社会和文化等各领域的开放中，国家之间或者国家集团之间展开排他性竞争，实力最强的国家建立全球霸权，主导世界各领域的秩序，占有大部分开放收益，而实力较弱的国家获得少部分开放收益，长远发展受到遏制。

——闭关锁国观。一个国家严格限制甚至完全禁止同其他国家开展经济、政治、社会、文化等方面的交流，既不直接接受国际开放带来的损益，也不直接承担国际开放应履行的责任。

——先封闭后开放的开放观。一国如果在世界范围内的比较优势不明显，先在绝对封闭或相对封闭的环境中培育自身能力，即以闭关锁国的方式形成明显的国际比较优势，然后再打开国门，同其他国家开展各方面的竞争与合作，从而获得相应的开放收益，并履行应尽的国际责任。

总的来看，合作共赢的开放观是理想的开放观，闭关锁国观是相对极端的，零和对抗的开放观和先封闭后开放的开放观则将开放与封闭进行某种特定组合。在人类实践中，特定国家可能奉行上述四种代表性开放观的一种，也可能在不同时期奉行不同类型的开放观。一国的开放观越适合本国国情和世情，就会得到越广泛国内外民众的认同和积极参与，开放能力就会越强。

国家开放制度。是国家开放能力的象征和组成部分，是开放行为体之间及其同非开放行为体之间互动规则的综合系统，包括正式的开放制度和非正式的开放制度。[①]正式的开放制度如关于开放的战略（strategy）、法律（law等）、规章（regulation）、条例（provision）、协议（agreement）、条约（treaty）、倡议（initiative）、宣言（declaration）、声明（statement）、公告（notification）、照会（note）、政策（policy）、措施（measure）、决议（decision）、方案（proposal）、框架（framework）、标准（standard）等，非正式的开放制度如风俗习惯、伦理道德、宗教信仰等。

开放制度多以开放为主题，如对外关系法、外商投资法、对外贸易法、关税法、进出境动植物检疫法、海关法、国际经贸协定等，或不以开放为主题，但明确包含与开放相关的内容，如宪法、知识产权法、金融法、反垄断法、统计法以及相关国际条约等。

有效的开放制度通过明确开放行为体的权利与义务，构建井然有序的开放秩序，推动形成欣欣向荣的开放生态。

专栏2-2　多数世贸组织新成员加入后受益明显

WTO通过构建约束性的贸易规则体系和可预测的国际经贸环境，为成员带来"开放制度红利"，推动开放型世界经济发展。自1995年WTO成立以来，先后有36个新成员加入。针对新成员加入前后5年的GDP增速、全球占比、进出口增速、吸收外资规模等指标进行量化分析，结果显示，中国、越南等24个新成员加入后受益明显，占比为2/3。

受益较多的成员具备以下共性特点：一是政治环境稳定，为跨国公司布局国际生产提供了稳定、可预期的营商环境；二是产业体系较为完整，或者

[①]　North, D., *Institutions, Institutional Change and Economic Performance*, Cambridge University Press, 1990.

产业向多元化转型取得积极进展；三是严格履行加入承诺，大幅削减关税和非关税壁垒，主动开展配套改革，积极调整经济结构，努力融入全球价值链。

可开放的国家资源。是国家开放能力的源泉和基础，包括自然资源、人力资源、生产资源、对外净资产等。

——自然资源。包括可再生自然资源和不可再生自然资源。可再生自然资源包括土地、森林、保护区、红树林和渔业。不可再生自然资源包括化石燃料、能源和矿物。一国的自然资源反映该国当前和未来承载特定人口和经济的能力。

——人力资源。即一国劳动人口的数量和质量。既在思想、知识、技术等跨境开放中提升人力资本，也为跨境生产活动提供具有国际比较优势的人力资本；所形成的消费市场既培育本国供应商的国际竞争力，也吸引境外货物与服务供应。

——生产资源。包括有形的生产资源，如机械、建筑、设备、住宅和非住宅城市土地等，以及无形的智力资源（如教育、研发）和金融资源。既用于为国家运转提供水、电、气、交通运输、信息通信等基础设施，也便利市场主体配置资源生产具有国际比较优势的商品，或参与跨境产业链、供应链、价值链特定活动并贡献具有国际比较优势的价值。

——对外净资产。指一国对其他国家和地区的债权减去对其他国家和地区的负债，直接体现一国的开放能力。

一国适宜开放的资源越丰裕，意味着开放能力越强。

专栏2-3 能力分类

任何行为体做任何事情都需要以能力为基础。能力的内涵和外延极其丰富，相应的分类是多样化的。

能力可粗略地分为一般能力和特殊能力。一般能力指进行各种活动都必须具备的能力。特殊能力，又称为专门能力，指完成某项专门活动的必要能力。

能力（capacities）可以分为功能能力、技术能力①、行为能力②。

——功能能力（functional capacity）：即一个行为体完成其应有职责所必备的能力，又译为职能能力。同各个层面相关，同特定领域或主题无关。借用诺贝尔经济学奖获得者阿马蒂亚·森的观点，功能能力（capability to function）也可界定为一个行为体能做什么或可以成为什么样的行为体，是评价该行为体特别是个体福利和优势的重点。③

——技术能力（technical capacity）：指同特定主题专业知识和实践相关的能力，往往来源于正规的教学和实践，具有该能力的行为体通常不多（。在管理学与工程学中，技术能力（capability）指企业融合技术知识与技能的能力。④在经济学中，技术能力（capability）指企业的如下能力：从外界获取技术，结合内部知识进行技术创新，进而扩散新技术，最终形成自己的技术积累。⑤

——行为能力（behavioral capacity）：指行为体通过必要的知识和技能实施特定行为的能力。为成功实施该行为，该行为体必须知道自己要做什么和如何做。该行为体从其行为后果中习得经验与教训，其行为会影响该行为体所处的环境。特别的，在存在多元利益攸关行为体的环境中，该行为体的行为能力会影响其他行为体的态度和行为。在法学中，行为能力指行为体以自己独立的意思表示（awareness），以自己的名义从事活动，取得权利并承担义务的资格。⑥

国家开放涉及的领域、地域和行为体非常丰富，自然需要多方面能力。

---

① UNDP, *Capacity Development Practice Not*e. Edited by Jannifer Colville, 2008, content.undp.org/go/cms-service/download/asset/?asset_id=1654154.

② International Finance Corporation, "Invest in Capacity Building", Chapter 5 of *Strategical Community Investment*: *A Good Practice Handbook for Companies Doing Business in Emerging Markets*, 2010, pp. 49-58.

③ Sen, A., *Commodities and Capabilities*, Preface, Oxford University Press, 1985.

④ 《中国大百科全书》第三版，网络版。

⑤ 同上书。

⑥ 同上书。

国家开放能力是国家能力的组成部分之一，需同国家非开放能力高效协同，以共同维护国家主权、安全和发展利益。

专栏2-4　什么是国家能力？

"国家能力"（state capacity）是政治学、历史学、社会学等都较为关注的议题，近年来也得到经济学尤其是发展经济学越来越多的关注。

政治学者大多从国家、社会、国际体系以及彼此之间的关联来研究国家能力，分别形成以国家、社会、国家体系为中心的三种立场。经济学者多从资源汲取角度研究国家能力同经济发展之间的关系。

国家能力不仅是国内政治概念，[1]在国际体系范畴内，被认为是一种应对他国竞争与挑战的效能。[2][3]现有文献对国家能力概念给出了多种界定，其中具有代表性的界定或含义包括：

——国家能力是国家行为体执行官方目标和政策的能力。[4]

——国家能力是国家通过种种计划、政策和行动实现其领导人所寻求的社会变化的能力，主要表现为影响社会组织、规范社会关系、集中国家资源并有效分配和使用。[5]

——国家能力的关键是官僚文化，即国家工作人员对彼此行为的激励、信念和期望或规范。[6]确保国家行为体的高透明度，以提高公众参与政治的质

---

[1]　陈兆源：《投资国家能力：外国直接投资结构与发展中世界的国家建设》，上海人民出版社2023年版，第28页。

[2]　黄清吉：《国家能力基本理论研究》，《政治学研究》2007年第12期，第45–53页。

[3]　黄清吉：《论国家能力》，中央编译出版社2013年版，第182–188页。

[4]　Skocpol, T., "Bring the State Back in: Strategies of Analysis in Current Research", In Evans, P., Rueschemeyer, D., Skocpol, T., eds., *Bring the State Back in*, New York: Cambridge University Press, 1985, pp. 3-37.

[5]　Migdal, J. *Strong Societies and Weak States: States-Society Relations and States Capacities in Third World*，Princeton University Press, 1988, pp.4-5, 20.

[6]　Khemani, S., "What Is State Capacity?" The World Bank, *Policy Research Working Paper*, No. 8734, 2019, Washington, DC.2019.

量，推动国家公共部门良好运转。[①]

——国家能力是国家实现自己意志、目标的能力。[②]

——国家能力是国家资源和特定能力的共同结果。其中，"国家资源"指国家掌握的物质和意识形态资源，"特定能力"指强制、汲取和行政的能力。[③]

——国家能力是国家规划政策的能力，[④]是执行政策的能力。[⑤][⑥]

——国家能力包括国家的制度能力，即官僚机器的能力以及制定与实施制度的能力。[⑦]

——国家能力是财政能力（fiscal capacity），即获得税收的能力。[⑧][⑨]更宽泛的，国家能力是国家积聚资源的力量。从资源的主要用途来看，国家能力也可被定义为国家提供公共产品与服务的能力。[⑩]

——国家能力是国家执行法律的能力：又被称为"法律能力"（legal capacity），即通过监管或其他方式执行合同和支持市场的能力。

——国家能力是国家政治统治和管理职能，[⑪]是统治国家、治理社会的能

---

① World Bank, *Making Politics Work for Development: Harnessing Transparency and Citizen Engagement*, Policy Research Report, 2016.

② 王绍光、胡鞍钢：《中国国家能力报告》，辽宁人民出版社1993年版。

③ 唐世平等：《国家能力建设：走出理论荒野》，《学术月刊》1993年第11期，第68–83页。

④ Fukuyama, F., *State Building: Governance and World Order in the Twenty First Century*, New York: Cornell University Press, 2004.

⑤ Besley, T., Persson, T., "Wars and State Capacity", *Journal of the European Economic Association*, Vol.6, No.2, 2008, pp.522-530.

⑥ Besley, T., Persson, T., "State Capacity, Conflict, and Development", *Econometrica*, Vol.78, No.1, 2010, pp.1-34.

⑦ 欧阳景根、张艳肖：《国家能力的质量和转型升级研究》，《武汉大学学报（哲学社会科学版）》2014年，第96–102页。

⑧ Tilly, C., "War Making and State Making as Organized Crime", In Evans (eds.), *Bring the State Back in*, New York: Cambridge University Press, 1985.

⑨ Besley, T., "State Capacity, Reciprocity, and the Social Contract", *Econometrica*, Vol.88, No.4, 2020, pp.1307-1335.

⑩ 欧阳景根、张艳肖：《国家能力的质量和转型升级研究》，《武汉大学学报（哲学社会科学版）》2014年，第96–102页。

⑪ 时和兴：《关系、限度、制度——政治发展过程中的国家与社会》，北京大学出版社1996年版，第147–194页。

量和力量，是社会统治与管理的效能。由于主要行为体是国家机关，国家能力可概念化为国家工作人员和机构的存在。[①]"统治""治理"或"管理"行为可具体化为动员、组织、改造、发展和整合行为。[②]

二 G20成员国开放能力评估

G20成员包括19个独立国家以及欧盟和非盟，本章评估对象为G20的19个国家成员：阿根廷、澳大利亚、巴西、加拿大、中国、法国、德国、印度、印度尼西亚、意大利、日本、韩国、墨西哥、俄罗斯、沙特阿拉伯、南非共和国、土耳其、英国、美国[③]。

（一）测度指标与数据

对开放能力的测度包括三部分：国家开放观、国家开放制度、国家可开放资源[④]。

国家开放观是否在较高水平上有助于人类命运共同体建设？

在全球化日渐深入的世界中，一国的对外开放不仅影响全人类整体的损益总量，而且影响这些损益在该国同世界其他国家之间的分配。因此，对国家开放观的评价，可以基于该开放观是否增加人类整体的总损益以及这些损益的国际分布达到何种程度的均衡。

① Acemoglu, D., Garcia-Jimenc, C., Robinson, J., "State Capacity and Economic Development: A Network Approach. *American Economic Review*, Vol.105, No.8, 2015, pp.2364-2409.

② 徐勇、陈亚军：《国家善治能力：消除贫困的社会工程何以成功》，《中国社会科学》2022年第6期，第106–121页。

③ 因为缺乏基础数据，法国、德国、意大利、英国（曾为欧盟成员）的开放制度和可开放资源无法测度，但欧盟作为一个整体具有这些基础数据，相应开放能力可以测度。本文以欧盟为桥，先测度欧盟的开放能力指数，然后按此为法国、德国、意大利和英国的开放能力赋值。

④ 国家开放能力无论是现实的，还是潜在的，都难以直接观察和测度，多采用间接测度法。本部分基于国家能力的内涵与外延设定评价指标，选取二十国集团（G20）成员，主要采集国际组织发布的公开数据，测算国家开放能力，判定实际开放度是否合意。

一国的开放观如果能兼顾本国和全球绝大多数其他国家责权、损益且在较高水平上实现均衡，就是高水平的开放观，比如合作共赢开放观。

一国奉行闭关锁国观，旨在维护本国国家主权和领土安全，但可能导致人类总体的机会获益（opportunity gains）下降或机会成本（opportunity cost/loss）上升，最终损害该国的主权、安全和发展权益。

特定单个国家或部分国家组建排他性国家集团，依靠自己的比较优势甚至霸权，可能会使自己在中短期内的开放损失最小化、收益最大化，但其他国家中短期内的主权、安全和发展则可能收益最小化、损失最大化，最终导致全人类长期的、整体的安全和发展权益最小化。

从长远来看，特定国家如果奉行先封闭后开放的国家开放观，可能不会特别大地损及全人类的开放收益，但会较大地降低这些国家开放能力的成长速度，最终损及其国家主权、安全和发展前景。

WTO 成员发布的《政策声明》（Policy Statement）可用来判别 G20 成员的开放观。各成员发布的《政策声明》阐释自己的开放政策，包括货物贸易、服务贸易、直接投资、贸易相关知识产权等政策的形成过程和内容变化，是确定国家开放观类别的主要依据。四种开放观的赋值如表 2.1 所示。

表2.1　　　　　　　　　　　国家开放观的赋值

	合作共赢开放观	先封闭后开放的开放观	零和对抗开放观	闭关锁国观
赋值（分）	100	70	50	20

国家开放制度能否充分适应满足国情、世情需要？

开放制度是对开放治理的规范。开放治理旨在解决开放各方的协调与合作问题，包括各层次和各种行为体在开放中协调与合作的体制与机制，以平衡本国开放、安全和发展之间的关系，最终确保整个国家开放行为和非开放行为的可持续性。

特别的，由于不存在世界政府，各国需要具备必要能力，管理自身开放进程，参与全球治理，既为本国开放争取良好的国际环境以开拓发展空间，也履行特定国际责任以维护全人类的共同价值。

国家开放制度需要适应和满足自己的国情和世情。一国国情和世情越复杂，就越要求其开放制度全面缜密，所体现的国家开放治理能力就越高。

本章基于世界贸易组织（WTO）发布的《贸易政策审议》报告[①]（其特点详见专栏2-5），应用文本分析法[②]测度国家开放制度。

专栏2-5　基于《贸易政策审议》测度国家开放制度

世界贸易组织发布的《贸易政策审议》系列报告，具有如下特征，适宜用来测度各成员的开放制度。

——《贸易政策审议》关于"贸易政策"的界定非常接近《世界开放报告》关于开放的规定。前者审议的是货物贸易、服务贸易和贸易相关知识产权等方面的政策，后者聚焦的跨境开放覆盖经济、社会、文化等维度，主要指经济开放特别是贸易开放。

——立场中立，内容客观。根据受审议成员的"政策声明"和WTO秘书处贸易政策审议司（Trade Policy Review Division）经济学家编写的报告，贸易政策审议机构（Trade Policy Review Body）进行审议。在编写报告时，秘书处会寻求成员的合作，但对所提出的事实和所表达的意见负有唯一责任。在《贸易政策审议》报告定稿之前，贸易政策审议机构会就其报告内容进行专题辩论会，被审议成员在会上回答其他成员的所有质询。《贸易政策审议》内容详细，包括受审议成员的贸易决策机构、审议期内的贸易政策和实践。

——各成员的《贸易政策审议》报告拥有完全一致的主题与叙事方式。

---

① WTO：《贸易政策审议》报告：https://www.wto.org/english/tratop_e/tpr_e/tp_rep_e.htm#bycountry。

② 文本分析法（Text analysis method）以文本信息为对象，通过规定或识别特定主题的类别，将定性信息的分布等情况转化为定量数值（如频率等），以突出特定主题的关键特征。

对WTO各成员的《贸易政策审议》报告，一级主题均由如下六部分组成：摘要；经济环境；贸易和投资机制；按措施分列的贸易政策和实践；按部门分列的贸易政策；附录。二级主题完全一致，三级主题也大致相同。针对各成员的《贸易政策审议》报告都具有相同的叙事方式，行文都简洁晓畅。

文本分析法以《贸易政策审议》的政策相关内容为分析对象。贸易政策相关内容集中于如下部分："贸易和投资制度"（第二部分），"按措施分列的贸易政策和实践"（第三部分），"按部门分列的贸易政策"（第四部分）。"摘要""经济环境"（第一部分）、"附表"不作为文本分析对象。

本节将最近三期《贸易政策审议》报告作为分析对象，以降低仅依赖其中一期可能导致的偏误。按照WTO相关最新要求（2017年），自2019年1月1日起，世界贸易份额最大的4个成员（目前是欧盟、美国、日本和中国）每三年接受一次审议，随后最大的16个成员每五年接受一次审议，其他成员每七年接受一次审议，最不发达成员的审议周期可以更长。[①]

基于最近三期《贸易政策审议》报告，我们得到G20成员近期开放制度的测度结果，见图2.1。

在G20成员中，开放制度水平最高的成员是美国（测度结果为181，下同），第二至五名为法国、德国、意大利和英国（按欧盟赋值，178）。其他发达成员开放制度的水平与名次：加拿大（148，第七名）；韩国（138，第九名）；日本（121，第十三名）；澳大利亚（107，第十六名）。

新兴市场和发展中成员开放制度的水平：阿根廷（175，第六名）；巴西（141，第八名）；中国（134，第十名）；印度（132，第十一名）；墨西哥（129，第十二名）；土耳其（120，第十四名）；印度尼西亚（113，第十五名）；俄罗斯

---

① WTO, *Trade Policy Reviews*, Brief introduction, 2023, https://www.wto.org/english/tratop_e/tpr_e/tp_int_e.htm.

（105，第十七名）；沙特阿拉伯（80，第十八名）；南非共和国（53，第十九名）。

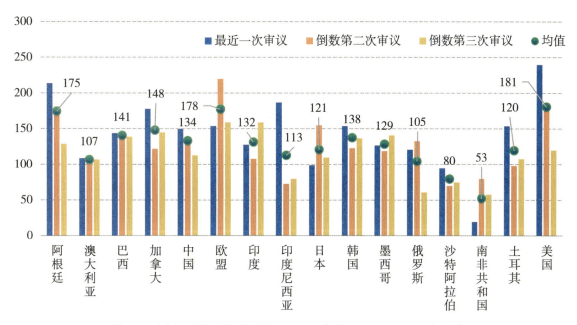

图2.1　国家开放制度测度值：G20成员，2016—2018年均值

注：纵轴的单位为《贸易政策审议》报告标准页的数量。欧盟作为一个整体接受贸易政策审议，法国、德国、意大利、英国按欧盟的测度结果赋值。成员接受审议的具体日期见脚注①，审议结果可大致反映2016—2018年及其前后的情况。

---

① 阿根廷：2021年9月15日和17日，2013年3月20日和22日，2007年2月12日和14日。

澳大利亚：2020年3月11日和13日，2015年4月21日和23日，2011年4月5日和7日。

巴西：2022年11月23日和25日，2017年7月17日和19日，2013年6月24日和26日。

加拿大：2019年6月12日和14日，2015年6月15日和17日，2011年6月20日和22日。

中国：2021年10月20日和22日，2018年7月11日和13日，2016年7月20日和22日。

欧盟：2023年6月5日和7日，2020年2月18日和20日，2017年7月5日和7日。

印度：2021年1月6日和8日，2015年6月2日和4日，2011年9月14日和16日。

印度尼西亚：2020年12月9日和11日，2013年4月10日和12日，2007年6月27日和29日。

日本：2023年3月1日和3日，2020年7月6日和8日，2017年3月8日和10日。

韩国：2021年10月13日和15日，2016年10月11日和13日，2012年9月19日和21日。

墨西哥：2022年10月5日和7日，2017年4月5日和7日，2013年4月17日和19日。

俄罗斯：2021年10月27日和29日，2016年9月28日和30日，2015年2月10日和12日。

沙特阿拉伯：2021年3月3日和5日，2016年6月21日，2012年2月14日。

南非共和国：2015年11月4日和6日，2009年11月6日，2003年4月23日和25日。

土耳其：2016年3月15日，2012年2月21日，2003年12月17日。

美国：2022年12月14日和16日，2018年12月17日和19日，2016年12月19日和21日。

国家可开放资源是否丰裕和高质量？

一国既有的开放资源可用世界银行"国民财富账户"（wealth account）[①]来测度。世界银行发布了146个经济体1995—2018年的国民财富账户数据，涵盖G20成员[②]。G02成员2016—2018年平均值见图2.2。

2016—2018年，美国、中国和欧盟的国民财富在G20成员中高居前三位，分别达279万亿美元、229万亿美元和195万亿美元，也是仅有三个超过百万亿美元的经济体。日本位列第四名，国民财富70万亿美元。英国、印度、加拿大、俄罗斯、巴西和澳大利亚的国民财富介于20万亿美元和33万亿美元之间，分列第五至十位。韩国、印度尼西亚、墨西哥、沙特阿拉伯的国民财富介于10万亿美元和20万亿美元之间，分列第十一至十四位。阿根廷、南非共和国和土耳其分列第十五至十七位。

（万亿美元）

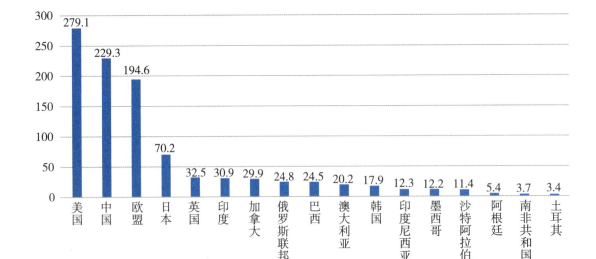

图2.2　国民财富：G20成员，2016—2018年均值

资料来源：世界银行数据库，国民财富账户数据（按2018年不变价美元计）。[③]

---

① The World Bank, *The Changing Wealth of Nations 2021: Managing Assets for the Future*, Washington, D.C.: World Bank, 2021, http://hdl.handle.net/10986/36400 License: CC BY 3.0 IGO.

② 国民财富账户的构建以联合国统计委员会编制的国民账户体系（System of National Accounts, SNA）为参照。生产资本和外国净资产的估值通常基于相应资产的交易价值，自然资本和人力资本的估值一般基于其使用寿命期内的预期净收益（资源租金或工资）并折现。世界银行的国民财富账户未单独测算欧盟以及欧盟成员塞浦路斯。

③ Databank on Wealth Accounts, https://databank.worldbank.org/source/wealth-accounts#.

（二）国家开放能力指数

国家开放能力是国家开放观、开放制度和可开放资源三个维度的加权综合值。

美国、中国和欧盟是G20成员中开放能力最强的经济体。图2.3显示，2016—2018年，美国、中国和欧盟的开放能力指数分别为0.95、0.819和0.799，高居G20成员前三位。

日本、英国、印度、阿根廷、巴西、韩国、加拿大、墨西哥、俄罗斯的开放能力分列第四至十二位，相应指数介于0.381和0.303之间。

印度尼西亚、土耳其、澳大利亚、沙特阿拉伯和南非共和国的开放能力指数介于0.285和0.152之间。

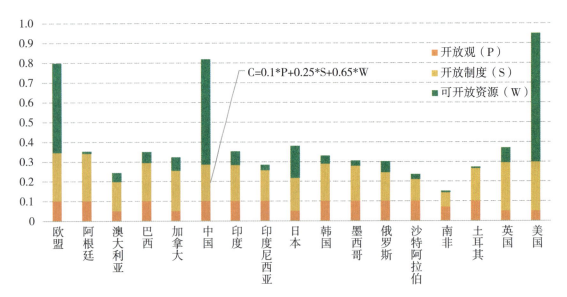

图2.3 国家开放能力指数：G20成员，2016—2018年均值

注：（1）柱图分别表示开放观（P）、开放制度（S）、可开放资源（W）对国家开放能力指数（C）的贡献度；（2）英国2020年1月13日退出欧盟后，迄今尚未接受WTO贸易政策审议，其开放制度赋值等同于欧盟数值。

（三）国家开放能力与合意开放度

开放度是对开放的供给和需求共同作用的结果，可用计量方法探讨开放度同开放能力之间的量化关系。以开放指数为因变量，开放能力指数为自变量，分别针对G20发达国家以及G20新兴市场和发展中国家应用最小二乘法估计线性模型，并根据估计的数量关系拟合开放指数[①]，将其同实际开放度对比，评估实际开放度是否匹配国家开放能力。实际开放指数和拟合的开放指数见图2.4，相关结论如下。

——增强开放能力可以提高开放度，且该效应在新兴市场和发展中国家比在发达国家更强。发达国家的开放能力每提高一个单位，开放指数就提高0.0028个单位。新兴市场与发展中国家的开放能力每提高一个单位，开放指数就提高0.1209个单位。

---

① 本次估算的样本国家19个，且分为发达国家（9个）以及新兴市场和发展中国家（10个）两个样本组分别估计，样本期不长（仅2016—2018年）。为得到更好的估计结果，今后可增加样本国家并应用更长的时间序列数据。

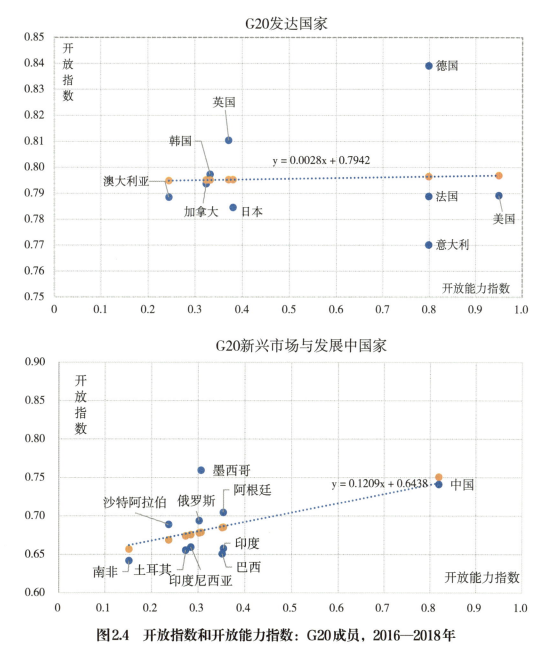

图2.4 开放指数和开放能力指数：G20成员，2016—2018年

注：（1）法国、德国、意大利的开放能力指数按欧盟赋值；（2）橙色散点表示开放指数的拟合值。

——发达国家的基础开放度超过新兴市场和发展中国家。在"开放能力—开放度关系"拟合模型中，即使开放能力取值为0，发达国家的开放度也高达0.7942，高于新兴市场和发展中国家的0.6438。

——在9个发达国家中，开放度合意（即实际开放度低于拟合值，实际开放度得到国家开放能力保证）的国家包括澳大利亚、加拿大、法国、意大利、日本、美国，其中法国、意大利、日本、美国的开放指数低于其开放能力，扩大开放仍有空间。开放度大致合意（实际开放度略高于拟合值）的国家包括韩国。德国和英国的开放度不是合意开放度（离拟合值较远）。

——在10个新兴市场和发展中国家中，开放度合意的国家包括巴西、中国、印度、印度尼西亚、南非共和国和土耳其，开放度大致合意的国家包括阿根廷、俄罗斯、沙特阿拉伯，墨西哥的开放度不是合意开放度。

三　开放能力与合意开放的启示

国家开放能力是决定国家开放度的基础性力量，是评估开放度合意与否的重要依据。关于国家开放能力的内涵与外延以及测度方法，本章做了初步探讨，并首次对G20成员进行了实证检验，有关结果充分印证了合意开放度的理论。可得到如下启示。

（一）高度重视国家开放能力

在经济全球化大趋势下，开放对一个国家十分重要。一个国家具备必要的开放能力，既有助于该国统筹国际和国内两大系统，充分有效地利用全球范围内的资源促进自身生产力的发展和生产关系的进步，也有助于在高水平上维护世界和平、发展、公正、公平、民主和自由等全人类共同价值，推动构建人类命运共同体。

（二）加强国家开放能力建设

一国应从开放观、开放制度、可开放资源三个层次入手，健全和完善开放能力体系。应坚持合作共赢的开放观。充分适应和满足国情和世情的需要，自主探索建立适合本国特色的开放制度，促进本国开放治理能力现代化。国家开放制度的改革、优化与完善永远在路上。培育可开放资源，推进开放资源结构转型和国际比较优势的升级。在参与世界开放的过程中，各国特别是新兴市场和发展中国家应优先培育为本国开放服务的人力资源。

（三）开放能力必须在开放中培育

国家开放能力要在世界范围内的竞争与合作中培育而成。在联系日益紧密的世界中，各国基于自身的能力同其他国家相互开放，彼此交往。不同国家之间开放的领域、交往的内容、合作的主体往往存在程度不等的差异，需要相关国家具备多样化的能力来把握。

在全球范围内众多国家相互交往所形成的网络，成为塑造各国开放能力的重要载体。在一国或少数几个国家组成的相对封闭的系统中，国家开放能力是很难改善的。

（四）最大化利用开放能力探求最优开放度

部分国家实际开放度低于拟合开放度，意味着自身开放能力尚未得到充分利用。一国应最大化利用自己的开放能力，追求最大合意开放度，获取更多的开放净收益。

开放能力位居前列的国家，即使达到甚至超过合意开放度，仍应充分利用自己强大的开放能力，提高世界开放均衡水平，推动自身和其他国家实现各自的最优开放度，在更高开放水平上推动构建人类命运共同体。

第三章

全球开放政策现状与前景

近年来，全球开放政策指数呈下降趋势，国际贸易投资格局发生深刻调整，不稳定不确定因素不断增多。贸易开放政策聚焦经济弹性、数字、气候变化等议题，相关限制措施更加隐蔽和多样；投资开放政策聚焦发达国家安全审查制度加严、投资协定调整与全球税制改革。为推动全球开放，政策制定应更加注重合作性、普惠性、灵活性。

一　世界开放政策指数显著下降

根据世界开放指数的二级指标测算，2008—2022年，世界开放政策指数总体呈下降趋势（见图3.1），且降幅远大于世界开放绩效指数，两者变化趋势存在差异的主要原因是，推动全球开放的积极因素明显抵消了开放政策收紧带来的阻力，突出表现在全球价值链的分工、信息通信技术（ICT）的快速发展极大地增强了货物、服务、人员、信息往来的便利。从长期看，全球开放政策指数收紧的负面影响可能会进一步加重，对全球开放绩效指数形成下行压力。

从单个经济体的开放政策指数排名变化情况看，2008—2022年降幅最大的有美国、牙买加、埃及等经济体；增幅最大的有韩国、佛得角、冰岛等经济体；欧洲国家排名普遍提升。美国是造成世界开放政策指数下降的主要因素，原因在于近年来的经贸摩擦拉高了关税水平，以及非关税壁垒的飙升。

图3.1 世界开放政策指数和世界开放绩效指数：2008—2022年
资料来源：根据世界开放指数测算。

表3.1 开放政策指数排名降幅和增幅最大的十个经济体：2008—2022年

排序	排名降幅最大的10个经济体	排名增幅最大的10个经济体
1	美国	韩国
2	牙买加	佛得角
3	埃及	冰岛
4	巴西	津巴布韦
5	波黑	澳大利亚
6	智利	哥斯达黎加
7	日本	苏丹
8	以色列	格鲁吉亚
9	挪威	立陶宛
10	斯里兰卡	哥伦比亚

资料来源：根据世界开放指数测算。

从关税与非关税措施[①]的分项指标看，近年来全球加权平均关税税率基本保持平稳，在6%—7%的水平上；2018—2019年大幅上调，从6.2%升至7.4%；

————————

① 此处非关税措施分项指标的计算方法为非关税措施数量乘以涉及产品数量。

2020年以来，回调至5.8%左右的水平。2008—2022年，全球非关税措施增长了17.9倍，特别是2020年以来增速显著加快（见图3.2）。

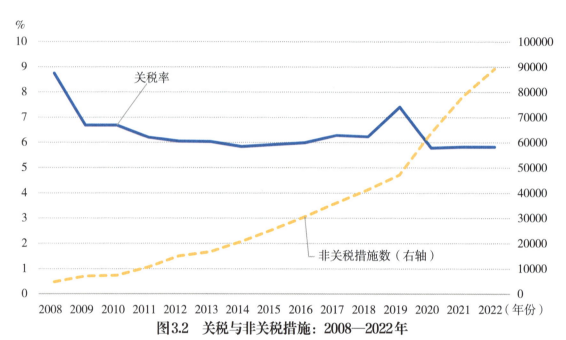

图3.2 关税与非关税措施：2008—2022年

资料来源：世界开放指数的分项指标。

专栏3-1 美国贸易摩擦及其影响

贸易开放政策方面，近年来最为瞩目的事件之一是美国向其主要贸易伙伴挑起的贸易摩擦，包括对太阳能电池板和洗衣机分别征收30%和20%的关税，对钢铁和铝分别征收25%和10%的关税，以及对中国大幅加征关税。

2018年1月，基于美国国际贸易委员会（USITC）的相关调查，根据1974年贸易法案（201条款），美国批准了对进口太阳能电池和大型家用洗衣机加征关税的保障措施。根据201条款，为应对进口激增对国内的严重损害，美国有权利征收关税以缓解进口压力。根据该项保障措施，美国将对太阳能电池板征收30%的关税，对洗衣机征收20%的关税。

2018年3月，基于"232调查"结果，美国开始对钢铁加征25%的关税，对铝征收10%的关税。该项措施援引美国1962年贸易扩张法案的232条款，对美国国家安全造成威胁的商品可以加征进口关税。该项措施开始实施时部分国家得到豁免，但随后也扩大到加拿大、墨西哥和欧盟等经济体。

2018年7月，美国援引《1988年综合贸易与竞争法》，基于"301调查"结果，对自中国进口的340亿美元商品加征25%的关税。作为回应，中国也对自美国进口的340亿美元产品加征25%的关税。8月，美国继续对自中国进口的160亿美元产品加征25%的关税，中国也对自美国进口的160亿美元产品加征25%的关税。9月，美国对自中国进口的2000亿美元产品加征10%的关税，并计划于2019年上调至25%，中国也对自美国进口600亿美元产品加征5%—10%的关税。

2019年6月，美国将2000亿美元商品的关税从10%提高到25%，作为回应，中国也上调了600亿美元商品清单内的部分商品的关税。2019年9月，美国对1010亿美元的商品征收15%的关税，中国也对750亿美元商品清单内的部分商品加征关税。2019年12月，美国宣布与中国将要达成协议，美国取消对从中国进口的1510亿美元商品征收15%的关税，中国也取消预定的对等行动。2020年1月，中美两国签署第一阶段协议，于2020年2月14日生效，双方表示将把2019年9月1日征收的上一轮双边关税削减一半。

中美互为重要的贸易伙伴，美国的加征关税行为所涉及贸易品金额庞大，使得两国加权关税税率飙升，截至2020年初，美国对华关税税率由2018年初的3.1%大幅提升至19.3%，中国对美关税税率由8%提升至21.2%。中国出口至美国的产品中，66.4%的产品受到影响；美国出口至中国的产品中，58.3%受到影响。

美国加征关税的负面作用，在2019年开始显现，当年度中国对美国出口、进口商品分别同比下降12.5%、20.9%。2020年之后，由于新冠疫情的冲击，美国对华需求大幅提升，2021年对美出口产品也大幅超越了2018年的水平。美国的加征关税行为严重损害了中美贸易，且加征的关税主要由美国消费者承担，损害了美国消费者的福利。此外，加征关税损害了全球价值链分工，与中美两国具有深度贸易关系的其他国家深受其害。

从贸易协定和投资协定分项指标看，两者是重要的双边、区域开放措施，表现在近年来区域贸易与投资协定有了长足发展，协定数量与涵盖的经济体规模逐年提升。2008—2022年，贸易协定与投资协定指数分别增长97.3%和17.4%；其中，贸易协定指数从0.13升至0.25，投资协定指数从0.47升至0.55（见图3.3）。

图3.3 国际贸易协定指数和国际投资协定指数：2008—2022年
资料来源：世界开放指数的分项指标。

表3.2		代表性国际贸易协定：2018年以来		（单位：%）
协定	签署日期	涉及经济体	签订时占全球GDP的比重	签订时占全球贸易的比重
《全面与进步跨太平洋伙伴关系协定》（CPTPP）	2018年3月8日	日本、加拿大、澳大利亚、智利、新西兰、新加坡、文莱、马来西亚、越南、墨西哥和秘鲁	12.9	14.9
《欧盟与日本经济伙伴关系协定》（EPA）	2018年7月17日	日本、欧盟	24.4	33.4
《美墨加协议》（USMCA）	2018年11月30日	美国、墨西哥、加拿大	27.3	15.5
《区域全面经济伙伴关系协定》（RCEP）	2020年11月15日	东盟10国、中国、日本、韩国、澳大利亚、新西兰	30.6	28.3

从金融开放的分项指标看，2008年美国"次贷危机"引发国际金融危机，为规避国际风险，各国均放缓金融开放步伐，金融管制呈上升态势，金融开放指数在2008—2013年逐年下降。2013年后金融开放水平有所恢复，但增速缓慢，至今仍与金融危机前有较大差距（见图3.4）。

从签证开放的分项指标看，2008—2019年，签证开放指数稳步提升，反映跨境人员流动日趋便利；2020年新冠疫情暴发后，多国采取针对跨境人员流动的管制措施，相应的签证开放指数由升趋平（见图3.4）。具体到管制措施对人员流动的影响，也因人群而异。2020年，全球出境移民人数增长2.7%，出境留学人数增长1.3%，而出境旅游人数减少63.0%，[①] 可以看出，疫情对旅游等短期规划活动影响相对较大，对移民、留学等长期规划活动影响有限。

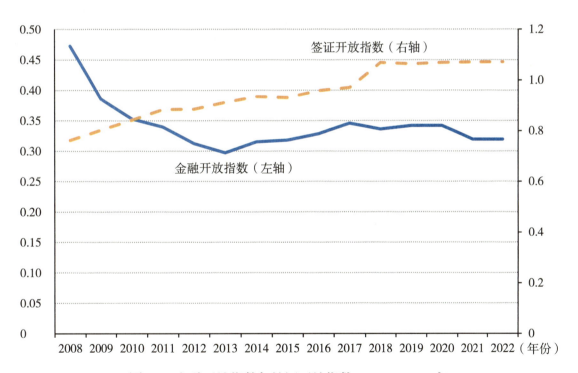

图3.4　金融开放指数与签证开放指数：2008—2022年
资料来源：世界开放指数的分项指标。

---

① 国际移民数据来自 UN DESA International migration flows to and from selected countries，http://www.un.org/en/development/desa/population/migration/data/empirical2/migrationflows.shtml。跨境留学生数据来自 http://data.uis.unesco.org/。

专栏3-2 疫情对全球航空客运业务的冲击

自2020年初以来，为控制疫情，越来越多的国家关闭边境并限制国内旅行，全球航空业遭到重创。2020年3月底，航空运输几乎陷入停滞。4月，旅客总数已同比下降92%，国际旅行平均下降了98%，国内旅行平均下降了87%。2020年全年，全球国内客运量下降50%，而国际客运量下降74%。2021年以来，全球航班客运量逐步恢复，根据国际航空运输协会（IATA）的数据，2023年以来国际航班客运量已经恢复到2019年的90%以上。

（航次）

图3.5 国际航班客运量：2008—2021年

资料来源：世界银行数据库。

得益于较好的疫情防控，中国国内航班数量快速恢复，但国际航班数量依然有待加速提升。2023年以来，中国致力于提升国际通航便利化，国际航班量稳步恢复和增加。根据中国民航局的数据，截至2023年6月底，国际客运航班每周达到3368班，通航62个国家，分别恢复至疫情前的44%、86%，预计下半年国际航空客运市场将加快恢复，国际客运航班量有望恢复至疫情前的60%—65%。

二　影响世界开放政策指数走向的五大因素

（一）利益分配不均引发开放政策变数增加

逆全球化思潮的兴起并不意味着经济全球化已经不能实现各国共同收益，而是全球化引发了严重的国内收入分配问题，使得部分民众无法享受全球分工的红利，赞同开放与反对开放的声音此消彼长，进而影响到各国政府的开放政策。如欧洲民粹主义政党扩张，使欧洲部分国家的贸易与投资政策趋向于保守。根据赫克歇尔—俄林模型，国际贸易会改善所有参与国的整体福利，但是稀缺要素的所有者会受损，密集使用稀缺要素的行业也会收缩；根据新贸易理论，产业内贸易能够充分发挥规模经济效应，使参与国均获益，但也会带来部分产业扩张、部分企业被淘汰。理论上的诠释部分印证了世界开放政策指数的趋势变化。经济全球化对世界开放政策的影响，要统筹考虑公平与效率问题，在实施更加积极的开放政策、推进经济全球化的同时，也要采取适当举措平抑对冲相关负面效应。

（二）南北经济实力格局影响开放政策走向

近几年世界开放政策指数的变化，总体上取决于发达经济体。同时，发展中经济体的影响力在不断上升。以G7和金砖国家为例，无论是GDP还是国际贸易，规模上G7仍然占据优势，但从份额变化上看，近年来均呈现出G7下降、金砖五国上升的趋势（见图3.6、图3.7）。结合世界开放政策指数项下的关税和非关税措施、贸易协定和投资协定等分项指标，个别发达经济体有针对性地提高关税水平，采取各种非关税措施，客观上造成开放政策指数收紧。同时，发展中经济体通过自主开放，主动降低关税水平，同区域内其他经济体签署更加开放包容的贸易投资协定，一定程度上缓解了世界开放政策指数收紧的不利局面。

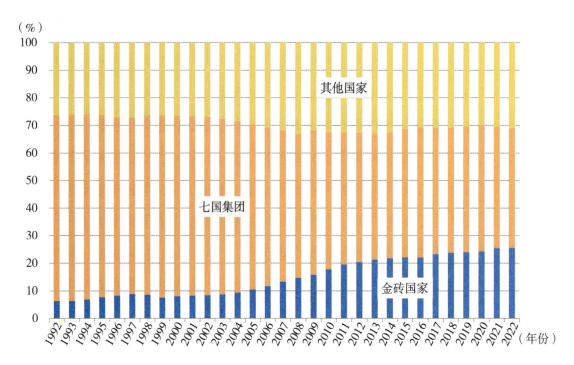

图3.6　在全球GDP中的份额：G7与金砖国家，1992—2022年

资料来源：根据世界银行WDI数据库测算。"其他国家"指世界开放指数样本内的其他经济体。

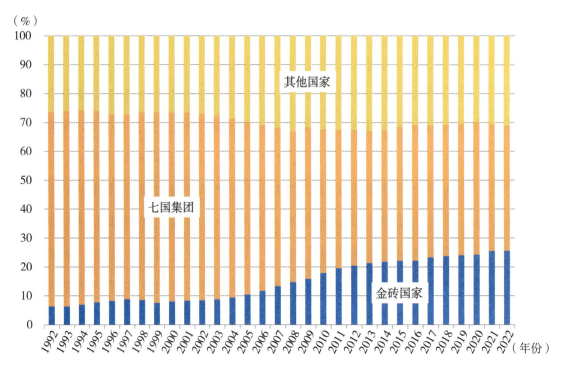

图3.7　在全球贸易中的份额：G7与金砖国家，1992—2022年

资料来源：根据世界银行WDI数据库测算，部分经济体迄今尚未公布2022年数据，故为初步测算值。

（三）科技进步丰富开放政策内涵

科技进步的影响已覆盖全球开放政策制定全过程，以信息技术为代表的新一轮科技发展，进一步减少了货物、服务、信息等要素流动的阻力，极大地促进了开放绩效，同时也推动了开放政策的调整。近年来，大量新签贸易投资协定都关注电子商务、数字经济、绿色环保、金融服务等议题。科技创新带来的变化，必将对世界开放政策指数及其下设的贸易协定和投资协定指数、签证开放指数、金融开放指数的研究分析，提供更多的实证支撑，成为观察分析研判全球开放政策走势的重要内容。

（四）多边贸易体制仍对开放政策产生重要影响

长期以来，多边贸易体制是世界贸易自由化、便利化的主渠道。中国始终致力于坚定维护多边贸易体制，全面深入参与世界贸易组织改革谈判。中方提出了世贸组织改革的相关立场文件和建议文件，参与创立了"多方临时上诉仲裁安排"（MPIA），牵头投资便利化协定谈判，推动达成了《渔业补贴协定》，积极推动加强数字经济合作。同时，世贸组织仍然面临一些问题，如协商一致原则、利益诉求多元使多边谈判难以达成，上诉机构瘫痪导致争端解决机制难以约束部分成员的单边保护主义措施等，给开放政策指数带来一定下行压力，对此应予以充分关注。

（五）短期多重因素叠加冲击全球开放政策

近年来国际经济形势复杂动荡，多次出现"黑天鹅""灰犀牛"事件，对各国开放政策产生影响，如硅谷银行破产引发金融领域动荡、印度等多个国家实施粮食出口禁令或出口限制措施等。这些短期冲击客观上对全球开放政策产生不利影响。

三 推动全球开放政策稳步前行

（一）全球开放政策收紧的压力依然存在

IMF预计，2023年全球经济增速仅为3%，其中发达经济体增长1.5%，新兴经济体增长4.0%；[①]世界银行预计2023年全球经济增速仅为2.1%，其中发达经济体增长0.7%，新兴市场和发展中经济体增长4.0%。[②]在全球经济持续疲软的背景之下，贸易与投资开放也面临较大下行压力。WTO认为，全球贸易增速在2022、2023年持续放缓，未来全球开放的总体趋势依然不容乐观。联合国贸易和发展会议（UNCTAD）指出，近年来各国出台的外资监管和限制性措施显著增加，加强对外国直接投资审查的趋势仍在继续，2023年国际直接投资将延续2022年以来的下行态势。[③]

（二）推进重点领域贸易政策开放

一是致力于增强贸易弹性的国际合作。WTO指出，封闭并不能提高经济体的弹性，应加强国际合作、推动开放与联通，共同应对全球冲击。[④]各国应采取切实措施，促进供应链稳定畅通，提升跨境贸易便利化水平，特别是关键医疗用品、食品和消费品的跨境流动，坚持发挥好多边贸易体制的基础性作用，加强对贸易领域重点议题的国际磋商与合作，提升全球产业链供应链韧性和安全水平。

二是有效规范和减少限制性贸易措施。世界开放政策指数下降，非关税措施大量增加是主要因素。对此，要针对个别发达经济体超出合理范围之外的限制性措施，推动发挥WTO等贸易争端解决机制的作用，有效开展贸易政策审

---

① IMF, *World Economic Outlook*: *Near-term Resilience, Persistent Challenges*, Washington, D.C., July 2023.

② World Bank, *Global Economic Prospect 2023*, Washington, D.C., June 2023.

③ UNCTAD, *World Investment Report 2023: Investing in Sustainable energy for All*, July 5, 2023.

④ WTO, *World Trade Report 2021: Re-globalization for a Secure, Inclusive and Sustainable Future*, November 16, 2021.

议，评估负面效应，增强出口管制等贸易限制措施的透明度和规范性，遏制以种种理由行保护主义之实的趋势，维护良好的贸易环境。

三是更加关注数字、绿色等新议题。 当前，各国发展越来越关注创新发展、数字经济、智能制造、绿色低碳等议题。贸易政策应在跨境电商、服务贸易、货物贸易绿色标准等新领域加强沟通协调、减少对抗与遏制，为推动全球数字贸易发展、贸易绿色转型等营造健康的发展环境，共同做大数字、绿色贸易的"蛋糕"。

（三）推动投资政策合理调整

一是应恰当使用投资安全审查制度。 据UNCTAD统计，[①]2022年因国家安全而对外国投资进行审查的国家总数达37个，合计占2022年全球外国直接投资存量的68%。要规范投资安全审查，科学界定、正确维护"国家安全"，加强安全议题的国际沟通对话，坚持审慎且必要原则，避免将"安全"泛化和经济议题政治化，扰乱企业跨国经营的合理布局。

专栏3-3　美国与欧盟的投资安全审查制度

美国的投资审查机构为美国外国投资委员会（CFIUS），对涉及美国国家安全风险的投资进行审查，重点关注外国投资企业背景、本国被收购企业特征、交易对美国国家安全造成的影响等。长期以来，CFIUS根据2007年制定的《外商投资与国家安全法案》行使审查权，2018年《外国投资风险审查现代化法案》（简称《现代化法案》）正式通过，外资安全审查制度有了新变化。一是管辖范围扩大。《现代化法案》强调关键基础设施、关键技术、敏感个人数据三大领域的非控制性投资也在管辖之中，即使某项投资未对美国企业形成控制，只要它能够对美国企业产生影响力，或能够获取非公开技术

---

① UNCTAD，*World Investment Report 2022: International Tax Reform and Sustainable Investment*, June 9, 2022.

信息，均需接受CFIUS的审查。二是对特定国家针对性加强。《现代化法案》新增"特别关注国"概念，并规定美国商务部应定期向国会及CFIUS提交中国对美投资的特别报告。三是强调与盟国的共享与协调。《现代化法案》要求建立与盟国的信息共享机制与协调行动机制，包括与盟国代表定期磋商、向盟国分享审查中的重要信息等措施。

欧盟各国本身具有自己的安全审查制度，且在近年来不断强化。2017年，英国、德国、法国均对原有的安全审查机制进行修订。2019年，欧盟议会首次在整个欧盟层面上通过了《关于建立欧盟外国直接投资审查框架的条例》，该条例于2020年10月正式实施。《条例》建立了联络点和专家组等协调机构，确定了成员国之间的信息通报交流机制及相互评议机制，进而为欧盟成员国的外资安全审查建立了沟通平台。根据《条例》，欧盟成员国在进行安全审查时需要考量两种因素。一是投资领域，主要包括基础设施、高新技术、关键原材料、信息传媒等；二是投资者属性，如外国投资者是否由政府控制或资助、是否参与了影响国家安全或公共秩序的活动等。相对于美国的安全审查制度，欧盟的约束力较弱，各成员国具有最终的决定权。

二是加快投资协定的变革与调整。近年来，国际投资规则正面临重大变革。2023年7月，世界贸易组织《投资便利化协定》文本谈判成功结束，MC-12向达成全球首个多边投资协定迈出重要一步；双边投资协定也面临着调整和改革，越来越多的双边协定纳入了高水平投资自由化便利化条款，更加关注东道国在气候变化等方面监管权与投资者保护之间的平衡。联合国国际贸易法委员会正在推动投资者与东道国争端解决机制改革。此外，很多新一代高标准区域经贸协定也纳入了高水平投资规则。

三是积极适应全球税制改革。未来几年，国际税收框架将由于税基侵蚀和利润转移（BEPS）项目的实施而发生根本性变化，该项目为二十国集团（G20）委托经合组织（OECD）推进的国际税改项目。UNCTAD认为，支柱二税改会减少避税性质的跨国投资，改变跨国投资的性质与国际布局。[①]各国应及时评估其对现有投资的影响，调整引资政策，引导跨国公司调整已有税收协定优惠安排，强化涉税风险应对能力。关注数字税、碳关税等议题，加强全球税制协调。

（四）排除短期不利因素干扰

应对金融风险、地缘政治、公共卫生安全等因素对全球开放的不利冲击与扰动，应加强政策研判，有效预防和应对"灰犀牛""黑天鹅"事件；坚持多边主义框架，充分发挥联合国、世界贸易组织等国际组织在全球治理中的作用；同时加强对话协商，增加开放政策的透明度与国际协调性，共同应对全球化中的风险与挑战。

---

① UNCTAD, *World Investment Report 2022: International Tax Reform and Sustainable Investment*, June 9, 2022.

第四章

全球数字经济与开放规则演变

近年来，大数据、云计算、物联网、人工智能等新一代信息技术快速发展，数字赋能各行各业，数字经济成为继农业经济、工业经济之后的重要经济形态，是各国开放发展和国际合作的重要内容。数字经济规则和治理体系的构建，正对数字经济发展产生重要影响，国际社会对此高度关注。

一　数字经济持续释放活力

数字经济规模不断扩大，各类数字技术设施和应用场景蓬勃发展，全球产业链、供应链、价值链发生重大改变，产业结构深刻变革。作为数字经济的重要组成部分，数字贸易和数字金融近年来得到长足发展，前景广阔。

（一）数字经济赋能经济增长

数字经济[①]有效增强全球经济动能。中国信息通信研究院（简称"信通院"）《全球数字经济白皮书（2022）》显示，2021年，全球47个主要经济体的数字经济增加值（包括产业数字化和数字产业化）为38.1万亿美元，同比增长15.6%，占GDP的比重为45%。

---

① 关于数字经济，国际上尚没有统一权威的衡量标准和统计口径，但数字经济的增长速度超过经济总量的增长速度已成为国际共识。

专栏4-1　产业数字化和数字产业化

一　产业数字化

产业数字化指的是将传统产业转向数字化经济的过程。在产业数字化中，企业将传统的生产过程、业务模式、管理方式等数字化，通过引入各种信息化技术和数字化工具，使其生产、供应链、客户关系等环节都能够实现数字化管理和自动化操作。

二　数字产业化

数字产业化不仅仅是将传统产业数字化，更多地是培育和发展数字经济的新兴产业。数字产业涵盖了各种与数字技术相关的行业，如互联网、电子商务、软件开发、网络安全等。这些产业以数字技术为基础，运用互联网和通信技术，提供各种数字化产品和服务，创造出新的商业模式和商机。

三　两者关系

产业数字化是数字产业化的重要支撑和推动力。通过数字化转型，传统产业可以更好地适应数字经济的发展趋势，提高创新能力和竞争力。同时，数字产业化促进了产业数字化的进一步发展，通过数字产业的成长和壮大，为传统企业的产业数字化提供了更多的机遇和挑战。产业数字化和数字产业化相互融合是未来发展趋势。

数字经济"三强"优势明显。信通院的前述报告显示，2021年，美国、中国和德国的数字经济规模位于全球前三位，分别为15.3万亿美元、7.1万亿美元和2.9万亿美元。根据中国国家互联网信息办公室《数字中国发展报告（2022年）》，2022年中国数字经济规模达50.2万亿元人民币，总量稳居世界第二，占GDP比重提升至41.5%。

产业数字化是数字经济发展的主要动力。信通院测算，2021年全球产业数字化占数字经济的85%，数字产业化占比为15%。第三产业应用数字经济效果最为明显，数字经济增加值占比达45.3%。

新型数字基础设施①**加快布局。**ChatGPT作为新型人工智能数字技术，自2022年11月发布以来受到社会各界巨大关注，引发各国人工智能研发热潮。数据中心是数字经济的核心基础设施之一，美国研究机构Synergy指出，目前运营的超大规模数据中心中，美国占全球总数量的近40%、容量的50%；其次是中国、爱尔兰、印度、西班牙、以色列、加拿大、意大利、澳大利亚和英国。

数据要素资源对数字经济赋能作用更加突出。数据是关键生产要素，是数字经济发展的基础和重要载体。国际数据公司（IDC）预测，全球数据圈数据总量将从2018年的33ZB增至2025年的175ZB。根据中国国家互联网信息办公室统计，2022年，中国数据产量达8.1ZB，同比增长22.7%，全球占比10.5%，位居世界第二。从全球范围看，数据要素的有效利用和价值转化仍有较大潜力。

（二）数字经济推动全球价值链变革

数字经济带来商业模式和产业变革。数字经济价值链附加值更高、链条更长、受时空局限更小，资源配置效率明显提升。数字经济推动数字技术、应用场景和商业模式融合创新，催生大量新业态和新模式，同时强化各行业间知识和技术要素共享，以技术发展提升全要素生产率，带动全球传统产业数字化转型。

数字经济助力产业结构升级和创新型经济发展。世界知识产权组织指出，数字化正在通过改变创新的对象、类型和过程，改变着当今的各个产业。截至2020年，数字化创新在20年内翻了两番，年均增长率为13%，2020年占所有专利申请的12%。2016—2020年，与数字化相关的创新专利比所有其他专利的增长速度快172%。在东亚，日本的创新者拥有世界上25%的信息通信技术相关专利，其次是韩国（18%）和中国（14%）。②

---

① 数字基础设施是以数据创新为驱动、通信网络为基础、数据算力设施为核心的基础设施体系，主要涉及5G、数据中心、云计算、人工智能、物联网、区块链等新一代信息通信技术和各类数字平台。

② World Intellectual Property Organization, "World Intellectual Property Report 2022: The Direction of Innovation", Geneva: WIPO, 2022.

（三）数字贸易成为新热点

数字技术的蓬勃发展和广泛应用，催生了以数据为关键生产要素、数字服务为核心、数字订购与交付为主要特征的数字贸易。

全球数字服务贸易蓬勃发展。 2016年以来，数字化服务出口占全球服务出口比重超过50%，并呈现稳步提升态势。世界贸易组织（WTO）数据显示，2022年全球可数字化交付服务出口额4.1万亿美元，同比增长3.4%，占全球服务出口总额的56.8%。其中，发达经济体出口额同比下降2.1%，占比为77.2%；发展中经济体出口额同比增长14%，占比为22.8%。信息和通信技术（ICT）服务是数字服务贸易的核心组成部分。2022年，全球ICT服务出口额达9686亿美元，同比增长6.1%，占全球数字服务出口总额的23.2%。

全球跨境电子商务市场不断增长。 据麦肯锡测算，2021年全球跨境电商交易额为1.25万亿美元。另据国际数据统计机构Statista测算，2022年全球零售电子商务销售额超过5.7万亿美元，同比增长16.3%，预计未来几年还将创新高。中国、美国、日本、德国、英国是全球前五大电商销售国，韩国、印度、法国、印度尼西亚、加拿大等的电商销售额也位居世界前列，电商发展潜力较大。

近年来，中国数字贸易快速发展，规模和质量均不断提升。中国商务部数据显示，2022年中国可数字化交付的服务贸易规模达到2.5万亿元，比5年前增长了78.6%，与数字服务贸易第一大国美国的差距不断缩小。中国已经成为全球第一电商大国，2022年，跨境电商进出口规模达到2.1万亿元，比两年前增长30.2%。近五年中国跨境电商进出口规模增长近10倍。

专栏4-2　数字贸易的内涵与外延

经济合作与发展组织（OECD）、国际货币基金组织（IMF）、联合国贸易和发展会议（UNCTAD）和世界贸易组织共同编制的《数字贸易测度手册》（*Handbook on Measuring Digital Trade*），将数字贸易定义为数字交付贸易和数字订购贸易，涵盖数字服务贸易和跨境电子商务。2023年，第二版

《数字贸易测度手册》正式发布。

数字贸易既包含货物贸易也包含服务贸易，既存在于国内贸易也存在于国际贸易。伴随数字技术的普及，数字贸易的比重将越来越大。

（四）数字金融助力经济高质量发展

近年来，随着金融和科技的相互融合渗透，区块链、大数据、人工智能等数字技术在金融行业的运用场景更加多元丰富，在传统金融的基础上融入新技术、新模式，逐渐形成新型的数字金融模式和业态，并不断拓展延伸。除传统金融机构的数字化转型外，还催生出数字货币、数字银行、数字保险、数字支付、去中心化金融等新业态。

数字货币发展提速。数字货币亦称加密货币，根据发行主体的不同，可分为私人数字货币和中央银行数字货币。央行数字货币属于法定货币，多个经济体央行数字货币研发进入快车道，国际清算银行（BIS）报告显示，2020年全球有86%的央行正在研究央行数字货币。2021年以来，中国数字人民币试点区域不断增加，应用场景逐步扩大，应用范围更加广泛。

数字支付步伐加快。数字支付有效集合互联网、终端设备和金融机构，形成新型支付体系。从数字支付提供商看，中国企业拥有领先优势，国际市场研究机构Juniper Research统计，目前全球前五的数字支付公司分别为支付宝、PayPal、微信支付、谷歌支付和银联中国。从数字支付使用比例看，根据Statista统计，2021年数字支付使用比例最高的国家分别是中国、韩国和越南，分别为39.5%、29.9%和29.1%，而美国、德国和意大利等国使用比例相对较低，分别为17.7%、14.5%和8.3%。

二 全球数字经济规则正在形成

全球数字经济繁荣发展，新模式、新议题不断产生，数字经济规则体系尚未成型，主要经济体数字治理理念和实践依然分歧明显。各方需要加强合作，共同努力拓展规则协调和融合的空间，推动形成开放包容的全球数字经济规则体系。

（一）数字经济规则涵盖领域不断拓展

数字贸易规则进展较快。数字经济起步之初，电子商务是最为活跃的数字经济领域，在技术创新、规模增长、经济辐射等方面成效显著。早期的数字经济规则主要为电子商务领域的规则，覆盖电子商务合法性、电子传输征收关税、贸易便利化、消费者保护等方面内容。在多边层面，1998年WTO发布《关于全球电子商务的宣言》，宣布成员方将维持现行做法，不对电子输送的交易征收关税。2017年12月，电子商务谈判被纳入WTO工作议程。2019年1月，WTO正式启动电子商务诸边谈判。在区域层面，自由贸易协定（FTA）中电子商务规则发展迅速，近年来已经签署或正在谈判的双多边自由贸易协定中基本包含了有关电子商务的条款或章节。

数字要素和服务已成为国际贸易重要交易对象，数字市场准入、数字贸易自由化等问题成为规则制定的重要内容，主要集中在减少数据跨境流动的限制、降低数字服务准入壁垒、保障相关主体权益、维护网络安全等问题。区域贸易协定正在成为数字贸易规则制定的重要载体，2018年达成的《美墨加协定》（USMCA）首次专章提出"数字贸易"议题。目前全球已签署的自由贸易协定，多数含有与数字贸易相关的特定条款或设有电子商务（数字贸易）专章[①]。

数字经济协定纷纷出台。数字经济快速发展并渗透到经济运行的各个领域，相关规则涵盖议题愈加广泛，包括数字税收、金融科技、数字货币、人工智能、数字包容性等，更加强调各国在数字技术、数字经济相关标准、国内数字治理和监管框架的国际互认、协调、包容等问题。近年来，已出现多

---

① 据TAPED（Trade Agreements Provisions on Electronic Commerce and Data）数据库统计，截至2021年6月，全球共有188个已签署的优惠贸易协定（PTA）含有与数字贸易相关的特定条款，其中113个含有特定的电子商务条款，83个含有电子商务（数字贸易）专章。

个专门的数字经济协定，如新加坡、新西兰和智利共同签署的《数字经济伙伴关系协定》（DEPA）、《新加坡—澳大利亚数字经济协定》（SADEA）、《韩国—新加坡数字伙伴关系协定》（KSDPA）、《英国—新加坡数字经济协定》（UKSDEA）等。

（二）跨境数据流动规则协调持续推进

降低数据流动的壁垒是数字经济发展的迫切需要，其难点在于跨境数据流动、个人隐私保护和国家安全保障之间的平衡。当前，主要数字经济大国的数据治理观念分歧明显，跨境数据流动尚未形成国际统一规则，但是基于共同点的规则协调持续推进。

美国主张跨境数据自由流动。美国基于其在数字经济领域的强大技术优势，主张数据跨境自由流动，推动构建数字贸易自由化规则体系。美方对个人数据跨境流动的保护采取以行业自律为主、政府监管为辅的模式。近年来重点通过自贸协定，推动跨境数据自由流动规则标准制定。2012年《美韩自由贸易协定》首次在双边协定中纳入跨境数据流动条款。《美墨加协定》规定"各缔约方认为亚太经合组织跨境隐私规则体系是便利跨境信息传输和保护个人信息的有效机制"。同时，美国对涉及国防和国家安全的重要数据仍然严格管控，如通过外商投资安全审查、出口管制等手段对关键领域数据跨境流动采取限制措施。美国政府还颁布了《澄清海外合法使用数据法》（CLOUD Act），确保政府调取其境内服务商储存在域外服务器数据的合法性，加强对全球数据的控制权。

欧盟强调隐私保护。以"基本权利保护＋建构内部市场"为目标，欧盟构建了一套高标准的数据保护机制，最有代表性的为《通用数据保护条例》（GDPR）。GDPR对欧盟境内个人数据向欧盟境外传输严格管控，个人数据的跨境传输主要通过三种机制实现：一是基于充分性认定机制（又称白名单）；二是采取适当保障措施的机制，包括签订标准合同、通过约束性企业规则、认证机制、行为准则等；三是为获得数据主体同意、履行合同所必要等。欧盟于2018年又通过了《非个人数据自由流通条例》（Regulation on the Free Flow of Nonpersonal Data），规制不涉及识别个人身份的数据流通问题，旨在与GDPR相互补充，构建数据流通的完整体系。为满足安全和执法诉求，欧盟明确了数据的域外管辖要求，进入单一市场的外国公司（数字平台）必须以遵守欧盟规则为前提。

中国努力构建兼顾发展和安全的数据跨境流动规则。既促进数字经济的开放和发展，也注重数据的监管和安全。中国积极参与数据跨境流动规则构建，在已签署的自贸协定中，对数据跨境流动的承诺主要体现在《区域全面经济伙伴关系协定》（RCEP）相关条款中[①]。中国积极推进加入的《全面与进步跨太平洋伙伴关系协定》（CPTPP）和《数字经济伙伴关系协定》（DEPA）均包含数据跨境流动的高标准规则。中国在北京、上海等自贸试验区和海南自由贸易港积极开展数据跨境流动管理的试点工作；加快完善国内相关配套立法，先后出台《中华人民共和国网络安全法》《中华人民共和国数据安全法》《关键信息基础设施安全保护条例》《中华人民共和国个人信息保护法》，形成数字经济领域的核心法律体系；以此为基础，2022年出台《数据出境安全评估办法》，为跨境数据流通提供了重要的配套落地规则；2023年出台《个人信息出境标准合同办法》；为推动数据安全领域国际合作，提出《全球数据安全倡议》，受到国际社会的广泛重视。

跨境数据流动国际规则协调取得进展。主要经济体早期在跨境数据自由流动问题上的立场分歧较大，政策法规分化明显，但规则经过不断演变发展，各方共同点也逐渐清晰，主要体现在都认可"合理的"数据流动，这为全球数据流动规则协调提供了可能性。在以双多边经贸协定为载体谈判和制定跨境数据流动规则时，"跨境数据自由流动＋公共政策例外/安全例外"的规则模板逐渐得到各方支持。在现有共同点的基础上考虑各方例外诉求并达成一致意见，成为规则谈判的方向。

---

① RCEP第12章第14条第2款规定：缔约方不得将要求涵盖的人使用该缔约方领土内的计算设施或者将设施置于该缔约方领土之内，作为在该缔约方领土内进行商业行为的条件。

专栏4-3　《欧盟—美国数据隐私框架》的充分性决定获得通过

2023年7月10日，欧盟委员会通过了《欧盟—美国数据隐私框架》的充分性决定（Adequacy Decision for the EU-US Data Privacy Framework），以实现对输美欧盟公民个人数据的安全保障。该协议对美国情报机构的电子监控施加了新的限制，并为欧洲民众提供了在他们认为自己的个人信息被美国情报机构非法使用时提出申诉的新途径。欧盟委员会认为，在该框架下美国确保对从欧盟传输到美国公司的个人数据提供与欧盟保护水平相当的保护，因此，个人数据可以安全地从欧盟流向参与该框架的美国公司，而无须采取额外的数据保护措施。

专栏4-4　国际组织和区域组织推动跨境数据流动形成共识

经合组织2013年修订了《关于隐私保护和个人信息跨境传输的指南》（简称《指南》），同时说明了成员国在《指南》的最低标准之上，拥有关于隐私保护等国家规则制定的权利，从而更有效地促进达成共识。2011年，亚太经合组织（APEC）在2005年隐私框架（APEC Privacy Framework）基础之上建立了"跨境隐私规则"体系（Cross-Border Privacy Rules，CBPR），企业可通过加入CBPR以证明其符合国际认可的数据隐私保护标准。二十国集团（G20）在2019年《大阪数字经济宣言》中提出"可信数据自由流动"。七国集团（G7）在2022年数字部长会议宣言中再次强调"可信数据自由流动"，并提出《促进可信数据自由流动计划》。

（三）数字知识产权规则更趋平衡包容

数字知识产权保护成为经贸协定谈判的重要内容，主要包括数字内容版权保护、源代码非强制本地化、计算机中的商业秘密保护、电子商标系统以及互联网服务提供者责任等议题。目前，在保护数字知识产权的基本共识下，具体议题上仍存在分歧。

美国和欧盟均强调数字知识产权保护，但程度和侧重点有所差别。美欧在数字知识产权规则方面，主要主张保障云计算、人工智能等新兴产业（产品）中关键技术的非强制转让权和保护数字内容产品的版权等。

美国实施严格的数字知识产权保护，特别是在"源代码或算法保护"方面雄心很高。例如，USMCA有关数字知识产权规则，以TPP、CPTPP[①]为起点并作出更高承诺，删除了TPP、CPTPP中公共基础设施例外条款，并引入"密钥保护"；强化"互联网服务提供商"在知识产权侵权中的责任和知识产权保护中的义务。

欧盟强调数字内容版权保护，保护版权持有人的权益以及平衡用户和内容创作者之间的利益。欧盟于2019年推出《数字化单一市场版权指令》（Directive on Copyright in the Digital Single Market），对欧盟版权法进行了全面修改，新增了"在线内容分享平台的特殊责任"和"链接税"等条款，对谷歌等科技巨头不加节制地从免费的媒体内容中获利行为进行法律约束。

中国加紧完善数字知识产权制度。强调充分考虑数据安全、公共利益和个人隐私，把握数据的特有属性和产权制度的客观规律，尊重数据处理者的创造性劳动和相关投入，发挥数据对产业数字化和高质量发展的支撑作用。《知识产权强国建设纲要（2021—2035年）》和《"十四五"国家知识产权保护和运用规划》，均提出实施数据知识产权保护工程，深入开展相关理论和实践研究。在浙江省、上海市、广东省深圳市等地开展数据知识产权保护试点工作，推动地方立法、存证、登记等方面取得可复制、可推广的经验做法。浙江省、北京市将数据知识产权相关内容纳入地方性法规，深圳市探索开展数据知识产权登记工作。

数字知识产权国际规则有机会形成共识。为保障数字产品的竞争力和所有者权益，各经济体对于营造良好的数字知识产权环境有共同诉求，数字知识产权规则可在此基础上，达成一些共识。例如，在源代码和其他数字技术非强制本地化方面，目前的一些经贸协定已经采取了保留例外的方式，进一步协调例外的涵盖范围，可能促进形成规则共识。在互联网服务提供者责任方面，美欧

---

① TPP和CPTPP均要求实现"源代码非强制本地化"，但同时规定适用于"源代码非强制本地化"的软件仅限于"大众市场软件或含有该软件的产品，不包括关键基础设施所使用的软件"。

在"通知—删除"义务上有一致性，即如果互联网服务提供商尽到"通知—删除"等知识产权保护义务，则不需要为第三方（平台使用者）的知识产权侵犯行为负责。

（四）数字经济下的税收规则取得新突破

在数字经济背景下，传统的税收制度受到挑战和冲击。数字经济税收规则主要包括两方面：电子传输关税、国内数字税。如何根据数字经济的特点制定新的税收规则，成为主要经济体关注焦点，主要国际组织努力寻求全球解决方案，并已取得积极进展。

电子传输关税和国内数字税问题存在分歧。不同经济体数字经济发展水平不同，在电子传输关税和数字服务税[1]方面的利益诉求有所差别，形成三种主张：一是主张免征电子传输关税和数字服务税，以美国为代表；二是主张免征电子传输关税但征收数字服务税，以欧盟为代表；三是主张征收电子传输关税和数字服务税，以印度、巴西、南非共和国、印度尼西亚等发展中国家为代表。

中国完善数字税收治理。主张借鉴数字经济税收的国际经验，坚持税收法定原则，加大税收扶持力度，健全税收征管体制，强化数字税收协同共治，从而更好地推动数字经济高质量发展。

国际共识有所进展。在各方积极协调下，有关电子传输免关税和国内数字税的国际规则取得一定共识，多双边规则依然维持了1998年WTO《关于全球电子商务的宣言》中提出的"电子传输免关税"，这在主要数字经济体签署的自贸协定中均被接受；G20/OECD税基侵蚀和利润转移包容性框架发布的《关于应对经济数字化税收挑战"双支柱"方案[2]的声明》，就应对经济数字化税收挑战达成一定共识。

---

[1] 广义的国内数字税还包括消费税、增值税等间接税，此处不做讨论。

[2] 支柱一突破现行国际税收规则中关于物理存在的限制条件，向市场国重新分配大型跨国企业的利润和征税权，以确保相关跨国企业在数字经济背景下更加公平地承担全球纳税义务。支柱二通过建立全球最低税制度，打击跨国企业逃避税，并为企业所得税税率竞争划定底线。

三　全球数字经济及开放规则未来走势

全球数字经济发展势头强劲，数字产业化、产业数字化、数据价值挖掘、数字技术发展、数字基础设施等继续演进。同时，全球数字经济规则碎片化、供应不足，亟须缓解全球数字鸿沟、规范跨境数据流动、完善数字知识产权保护、健全数字税收规则等。

（一）数字经济发展势头强劲，机遇挑战并存

数字产业化与产业数字化融合发展成为趋势。数字产业化为数字经济提供底层技术，是数字经济发展的核心动力。产业数字化蓬勃发展，数字信息技术与传统制造技术将深度融合，数字技术和数据资源助力产业转型升级，产业数字化在数字经济中的比重将越来越高。数字产业化与产业数字化相互促进，推动"制造"迈向"智造"。未来面向现代化的产业集群，将涌现越来越多的"数字生产服务+数字商业模式+数字金融服务"新业态新模式。伴随人工智能、量子通信、物联网等领域技术革新，未来数字技术有可能实现系统性突破，推动数字经济进一步发展。

全球数据市场发展空间巨大。发展数字经济需要激活数据要素，建立完善、公平、可信的数据市场。未来的数据市场有望超越"数据交易所"模式，产生面向政府和产业的场景数据交易模式。数据市场建立后，其海量数据资源将以各种形式进入市场，反哺和促进数字经济发展。同时，也应注意到数据市场发展的相关问题，如垄断经营、违规操作和信息泄露等，对此各国政府应加强监管合作，推动实现规范发展。

数字发展鸿沟问题凸显。不同地区、不同国家间数字技术发展不平衡。少数发达国家掌握全球数字关键技术，出于技术保护、泛化安全概念等多种原因，不愿与他国共享技术成果，全球数字技术鸿沟加深。多数发展中国家数字基础设施和技术落后，面临着数字鸿沟和能力缺失的问题。国际电信联盟统计，2022年全球约有53亿人使用互联网，占世界人口的66%。在欧洲和北美，80%以上

的人口使用互联网，而在非洲地区该比例仅为40%，大大低于全球平均水平。未来数字产业化、产业数字化、数据价值挖掘、数字技术发展、数字基础设施等将持续迭代升级发展，同时也需要各国密切合作，采取切实措施缓解全球数字发展鸿沟问题。

中国数字经济将再上新台阶。 中国加快构建新发展格局，着力推动数字经济高质量发展，将加快促进数字经济和实体经济深度融合，打造具有国际竞争力的数字产业集群。将充分释放数字要素的潜能，加快数字政府建设，加快经济发展方式绿色转型。各地创新发展数字经济，涌现出了一批数字化转型的典型做法。

（二）全球数字治理任重而道远

市场呼唤各国政府加强数字经济规则制定合作。 各主要经济体之间需要加强协作，包括分享各国数字治理经验和探讨监管框架的互认、协调、包容等问题。各国应携手合作，打击数字经济发展过程中的各类违法侵权行为，保护市场主体合法权益，营造公平透明的国际环境，共同应对数字贸易订购、生产、交付以及售后等环节存在的规制问题，共同堵塞跨境数据流动、数字知识产权保护以及用户隐私保护等方面监管规则存在的漏洞。各国在制定国内数字经济规则和对外谈判时，既要考虑自身利益，也要考虑全球的整体利益，既要考虑数字经济发展，也要考虑数据要素安全，努力平衡局部利益和全局利益，积极协调数字发展与数字安全二者的关系。各方应在联合国、WTO和G20框架下，加强数字治理国际合作，在现有共同点的基础上充分考虑到各方诉求，努力达成全球数字经济规则的一致意见。

专栏4-5　上海市打造国际数字之都

上海市统筹推进"经济、生活、治理"各领域全面数字化转型，加快打造具有世界影响力的国际数字之都。

加快经济数字化，大力发展数字经济和推进产业数字化转型。在数字化赋能下，上海的航空、航天、船舶、汽车等产业能级不断提升，更多聚焦产业数字化的园区应运而生。2022年上海数字经济核心产业增加值超过5500亿元，占上海市GDP比重达12.3%。

加快生活数字化，数字生活服务全球领先。上海积极引导市场主体参与，推动就医、出行、上学、旅游、体育、养老等重点场景数字化转型建设。数字行政服务、公共服务和数字生活服务等多个指标，步入全国乃至全球先进行列。

加快治理数字化转型，从被动服务向主动服务转变。上海运用大数据和AI等智能化手段，为市场主体和群众办事提供多元化、个性化、贴心暖心的高质量服务。

中国积极参与全球数字经济治理。一方面，努力构建与国际通行规则相衔接的数字经济制度体系，消除国内妨碍数字经济发展的体制机制障碍。主动对标高标准数字经贸规则，提升制度型开放水平，促进数字贸易健康发展。另一方面，全面参与全球数字经济治理，落实世界贸易组织第12届部长会议（简称"MC-12"）《关于〈电子商务工作计划〉的部长决定》，积极推进加入CPTPP和DEPA，推动WTO在数字化时代更好发挥作用，切实扭转全球数字经济规则碎片化和供应不足的现状。

第五章

全球绿色贸易开放合作

气候变化对人类生态、全球政治和经济的影响不断升级，全球亟须向绿色低碳转型。在全球合作应对气候变化的背景下，贸易发展与环境保护的关系成为许多国家和国际组织关注的重点，绿色贸易成为广泛讨论的议题，国际贸易规则"绿化"发展趋势明显，碳规则正成为国际经贸规则的重要组成部分，围绕低碳规则制定权的博弈将更趋激烈。各方亟须凝聚共识、加强合作，以绿色贸易推进国际开放合作，共同应对气候变化。

一　绿色贸易成为国际社会关注焦点

国际贸易中商品和服务的跨国流动对环境的影响，是多边贸易体制和各类经贸协定关注的重要内容之一。随着全球气候变化日益严峻，各国积极探索绿色低碳发展之路、参与全球气候治理，持续加强彼此间的沟通与合作。

（一）加强国际合作是应对气候变化的必然选项

近年来，气候变化、极端气候事件频发，给人类生存和发展带来严峻挑战。必须践行真正的多边主义，加强应对气候变化等领域国际合作，坚持绿色低碳发展，加快推进人与自然和谐共生的现代化。当前，130多个国家先后宣布到21世纪中叶将达到净零排放目标。中国于2020年9月对外宣布了"双碳"目标，即二氧化碳排放力争于2030年前达到峰值，努力争取2060年前实现碳中和。主要大国间加快应对气候变化国际合作。中国与欧盟通过建立并发展气候变化伙伴关系，围绕可再生能源、碳捕捉与碳储存等关键议题进行了大量的务实合作。中国与美国2021年4月发表《中美应对气候危机联合声明》，双方将致力于相互合作并与其他国家一道解决气候危机。发展中国家也积极响应气候变化问题，如2021年，中国同53个非洲国家和非洲联盟委员会代表团团长共同发表《中非应对气候变化合作宣言》，强调合力应对气候变化，助力可持续发展，共同构建人与自然生命共同体。

（二）绿色贸易成为国际广泛讨论的重要议题

早在1994年，关税及贸易总协定乌拉圭回合谈判就达成了《关于贸易与环境的决定》。世界贸易组织（WTO）成立环境与贸易委员会，专门负责环境与贸易问题；18个成员方组成"环境产品之友"，于2014年7月以开放式诸边谈判的形式正式启动《环境产品协定》（EGA）谈判，旨在实现减少或消除环境产品的关税和非关税壁垒，促进环境产品自由贸易，截至2016年12月共进行18轮谈判。参与谈判的成员方约占全球环境产品贸易90%的市场份额，后因各成员方分歧较大、美国总统大选等因素，谈判陷于停滞。2021年拜登上台后，美国政府承诺将积极推动《环境产品协定》谈判，但谈判迄今尚未启动。亚太经合组织（APEC）是推动环境产品与服务合作最早的机构之一，各成员已承诺进一步扩展APEC环境产品清单。一些重要国际机构积极推进绿色贸易规则，国际货币基金组织（IMF）提出国际最低碳价格下限方案，经合组织（OECD）提出建立显性和隐性碳定价包容性框架。《全面与进步跨太平洋伙伴关系协定》（CPTPP）等高标准经贸协定设置了环境专章，还在其他章节中广泛覆盖了与贸易有关的环境问题。

（三）国际社会对推动绿色贸易达成一定共识

"绿色贸易"一词在国内外政策性文件中多次出现[①]。联合国相关机构政策文件中，绿色贸易主要指环境与贸易协调，如《21世纪议程》《里约环境与发展宣言》《可持续发展问题世界首脑会议的报告》（约翰内斯堡可持续发展宣言）《可持续发展报告》等文件，均强调贸易与环境相辅相成、相互协调、相互促进。2021年联合国环境规划署发布的《绿色国际贸易：前进道路》[②]多次强调绿色贸易，明确提出构建环境与贸易2.0议程，包括加强与贸易相关的环境政策、在贸易政策和协定中推动环境规制升级、推进环境与贸易相关合作等。欧盟《适应气候变化：迈向欧洲行动框架》[③]等政策文件高度关注绿色贸易，重点是绿色贸易措施和绿色产品贸易。

二　绿色贸易成为全球贸易的重要内容

全球绿色低碳转型步伐加快，越来越多的国家将发展绿色贸易作为推动经济转型、提高低碳领域国际竞争力和话语权的重要抓手，以环境产品为代表的绿色贸易在国际贸易发展中发挥着重要作用[④]。同时，绿色贸易也面临碳关税等规则带来的深刻变化。

[①] 对于"绿色贸易"的理解，不同文件侧重不同：有的文件将绿色贸易理解为绿色产品的贸易，属于贸易的一部分；有的文件将绿色贸易理解为贸易绿色化，侧重于环境政策与贸易政策的协调发展；还有的文件将绿色贸易理解为产品供应链的绿色化。

[②] Deerer Birkbeck, C., *Greening International Trade: Pathways Forward,* Global Governance Center and Forum on Trade, Environment & the SDGs (TESS): Geneva, 2021.

[③] European Commission, *Adapting to Climate Change: Towards a European Framework for Action*, White Paper, Published in Climate-ADAPT, June 07, 2016.

[④] 目前，学术界和政策文件等尚未对绿色贸易的概念和内涵达成一致的界定，本报告基于狭义的绿色贸易，在研究比较分析时，采用WTO秘书处汇总的环境产品清单和所作的产品分类，以环境产品贸易代表绿色贸易。WTO《环境产品协定》谈判最初以2012年APEC发布的环境产品清单为基础，涵盖了54个6位海关编码（HS Code）的低能耗低碳绿色产品，后续WTO秘书处在各经济体提出清单的基础上，汇总形成一份包含427个6位HS编码的产品清单，并将这些产品分为环保科技类、可再生能源类、碳捕获和存储类、空气污染控制类、废物处理和水污染治理类以及其他环境友好类六大类。

（一）绿色贸易总体保持平稳增长

按照WTO环境产品清单，2022年世界绿色进出口总额达8.84万亿美元，2013—2022年，全球绿色贸易总额年均增长率为0.85%（见图5.1）。绿色贸易规模波动与全球货物贸易基本同步，占比稳定在20%—23%。2022年，全球货物贸易强劲反弹，绿色贸易占比小幅下降，约占世界贸易总额的18.2%；中国绿色贸易进出口总额为1.08万亿美元，全球占比达12.2%，比2013年提高2.3个百分点。

图5.1 全球绿色贸易总额及增速：2013—2022年
资料来源：根据全球贸易观察数据库数据计算。

（二）绿色贸易区域格局基本稳定

从全球绿色贸易进出口总额来看，2022年，绿色贸易规模前十名的国家（地区）依次为欧盟、美国、中国、日本、英国、韩国、新加坡、加拿大、印度和墨西哥（见图5.2），分别占全球绿色贸易总额的14.6%、13.6%、12.2%、4.5%、3.8%、3.7%、2.9%、2.6%、2.5%和2.1%，合计占全球绿色贸易总额的62.5%。中国、欧盟和美国是全球绿色出口排名前三的国家（地区），合计占全球绿色出口总额的40.7%。欧盟、美国和中国是全球绿色进口排名前三的国家（地区），合计占全球绿色进口总额的40.1%。

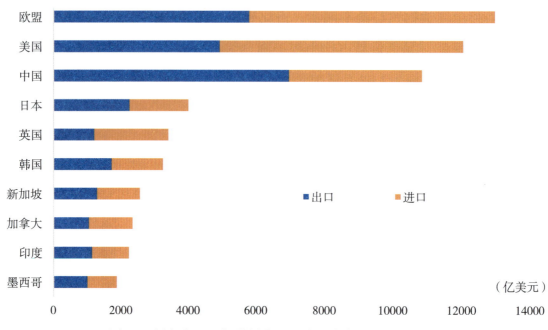

图5.2 绿色贸易：规模最大的十个国家与地区，2022年
资料来源：根据全球贸易观察数据库数据计算。

（三）绿色贸易中环保科技类产品占据主导地位

从产品类别看，环保科技类、碳捕获和存储以及其他环境友好产品进出口贸易额位居前列。2022年，这三大类产品的进出口总额分别为6.2万亿美元、4.2万亿美元和3.1万亿美元（见图5.3），占绿色贸易总额的比重分别为69.7%、47.2%和35.3%[①]。从增速看，位于前列的是其他环境友好类、碳捕获和存储以及环保科技类产品。2013—2022年，上述三大类产品的进出口总额年均增速分别为4.7%、4.4%和3.8%。

---

① 按照WTO秘书处汇总清单的分类，清单中大部分税号产品的分类存在交叉重叠，即同一个税号产品同时被归类为几种环境产品类别。因此，分类加总数据与环境产品贸易总额数据会出现不一致现象。

（万亿美元）

图5.3　全球绿色贸易，按产品类别：2013—2022年

资料来源：根据全球贸易观察数据库数据计算。

（四）绿色贸易面临碳规则带来的深刻变化

各国纷纷建立碳定价相关制度体系。为建立有效经济手段实现温室气体减排，国际社会开始推行碳定价，深刻改变全球绿色贸易成本结构。碳排放权交易系统（ETS）和碳税是两种重要的碳定价工具。截至2023年4月，全球正在运行的碳定价机制共73项，覆盖了全球约23%的温室气体，部分国家或地区已宣布将启动其新的ETS或碳税计划。一方面，多个国家和地区开始建立区域内的碳交易体系。根据世界银行统计，2022年全球碳市场总交易额达到950亿美元，同比增长约13%，来自ETS的收入占总收入的69%，来自碳税的占31%。发展较为成熟的碳市场主要包括欧盟碳排放交易体系（EU-ETS）、美国区域温室气体倡议（RGGI）、新西兰碳排放交易体系（NZ-ETS）等。中国的全国碳排放权交易市场于2021年7月正式启动上线交易，行业覆盖范围有序扩大，是全球覆盖碳排放规模最大的碳交易市场。另一方面，荷兰、丹麦、芬兰等北欧国家较早开始征收碳税，将碳税作为一个单独的税种，已经构建起较为完备的碳税制度；日本、意大利等国将碳税隐含在环境税、能源消费税等现有税种中；

美国、加拿大等国的碳税政策仅在国内特定区域实施或由各州（省）自行制订征收计划，政策实施仍有较大不确定性。

碳规则成为国际规则博弈的重点领域。当前，国际低碳经贸规则已成为全球政治、经济、社会发展的重要议题，是多方关注和博弈的焦点。欧盟提出全球首个碳边境调节机制（Carbon Border Adjustment Mechanism，CBAM），拟于2026年起正式实施。2023年1月，欧盟联合新西兰、肯尼亚等国建立了气候变化贸易部长联盟，聚焦贸易与气候问题交叉领域的政策讨论。美国也在酝酿提出碳关税立法，如2023年6月，民主党、共和党参议员联名提出一项名为"提供可靠、客观、可验证的排放强度和透明度法案"（PROVE IT Act），要求能源部就法案所涵盖的产品，收集美国和其他主要经济体的产品平均排放强度数据并进行比较，以论证美国产品具备低碳优势。日本、英国、加拿大等国对碳关税立法的立场和态度趋向主动。随着越来越多的国家建立碳排放权交易机制或开征碳税，以及越来越多的碳边境调整措施的应用，由此引发的争议和争端将不可避免。

三 中国绿色贸易发展成效明显

中国对发展绿色贸易作出一系列部署，如2019年11月《中共中央 国务院关于推进贸易高质量发展的指导意见》明确提出，推进贸易与环境协调发展。2021年2月，《国务院关于加快建立健全绿色低碳循环发展经济体系的指导意见》提出，建立绿色贸易体系，积极优化贸易结构，大力发展高质量、高附加值的绿色产品贸易。多年来，中国一直在全球绿色贸易中位居前列[①]。2022年，中国绿色贸易规模达10792.8亿美元，位居世界第三，同时也是世界第一大绿色出口国和第三大进口国。

---

① 中国在全球绿色贸易中常年位居第三，2020年和2021年，中国连续两年超越欧盟和美国成为全球第一大绿色贸易经济体，贸易额在全球占比达到13%左右，2022年，中国绿色贸易规模有所下滑，降回全球第三。

（一）规模总体保持增长

2013—2022年，中国绿色进出口规模从8144.3亿美元增至10792.8亿美元，10年间增长了约32.5%，年均增长率达到3.25%。其中，出口额从4957.9亿美元增长至6916.4亿美元，年均增长率达到3.8%，在中国货物出口总额中占比达到19.2%；进口额从3186.4亿美元增长至3876.4亿美元，年均增长率为2.2%，在中国货物进口总额中占比达到14.3%（见图5.4）。

图5.4　中国绿色贸易总额及增速：2013—2022年

资料来源：根据全球贸易观察数据库数据计算。

（二）全球占比稳步扩大

近十年，中国在全球绿色贸易总额中的占比由2013年的9.9%提高至2022年的12.2%，其中，在全球绿色出口中的占比由12.1%提高至16.0%，在全球绿色进口中的占比由7.8%提高至8.6%（见图5.5）。

（三）以环保科技类产品为主

2022年，从产品类别来看，中国绿色贸易规模前三类分别是环保科技类、碳捕获和存储以及可再生能源类产品，进出口总额分别为8126.3亿美元、4231.5亿美元和2146.9亿美元。从全球绿色贸易占比看，2022年中国环保科技类产品在全球同类产品贸易中占比为13.2%；其次是空气污染控制设备，占12.0%；碳捕获和存储产品占10.1%，废物处理和水污染治理设备占8.9%，其他环境友好产品占7.0%，可再生能源产品占6.9%（见图5.6）。

图5.5　在全球绿色贸易中的份额：中国，2013—2022年

资料来源：根据全球贸易观察数据库数据计算。

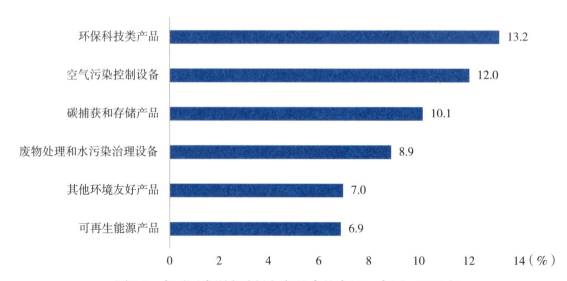

图5.6　在不同类别全球绿色贸易中的占比：中国，2022年

资料来源：根据全球贸易观察数据库数据计算。

（四）出口市场集中度较高

2022年，美国、中国香港和日本是中国绿色出口前三大目的地，出口额分别为1251.1亿美元、545.3亿美元和329.9亿美元，分别占中国绿色出口总额的18.1%、7.9%和4.8%（见图5.7）。近年来，发达国家在中国绿色出口总额中所占比重逐渐下降，发展中国家占比有所上升。

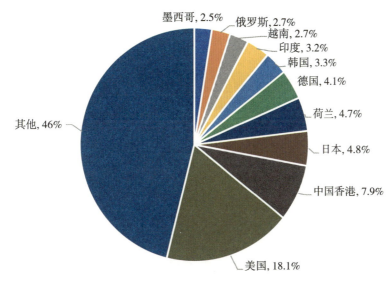

图5.7　前十大目的地在中国绿色出口中的占比：2022年
资料来源：根据全球贸易观察数据库数据计算。

（五）进口市场多元化

2022年，日本、美国和德国是中国绿色进口前三大来源地，进口额分别为479.8亿美元、457.9亿美元和419.8亿美元，分别占中国绿色进口的12.4%、11.8%和10.8%，合计占35%（见图5.8）。近年来，中国自三国进口占比均有所下降，自马来西亚、澳大利亚、俄罗斯等国进口占比上升，进口市场呈现多元化趋势。

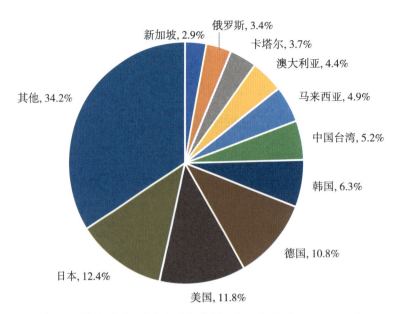

图5.8 前十大来源地在中国绿色进口中的占比：2022年
资料来源：根据全球贸易观察数据库数据计算。

专栏5-1 紧抓低碳发展机遇 四川大力发展绿色贸易

四川是长江、黄河上游重要水源涵养区和生态建设核心区，清洁能源资源富集，绿色贸易发展自然条件优越。近期，四川发挥自身清洁能源和产业优势，紧抓低碳发展机遇，构建绿色贸易支持政策体系，大力发展绿色贸易。

积极打造绿色产业园区。2022年底，四川出台《四川省绿色外贸循环经济产业园评定办法》，支持自贸试验区、国家级经开区、外贸转型基地等平台先行先试，综合利用节能、减排、固碳、碳汇等多种手段，实现平台内项目间、企业间、产业间的绿色闭环，并首次评选出成都经开区、宜宾临港经开区2个省级绿色外贸循环经济产业园。

打造绿色产业链。四川推动锂电材料产业纳入国家外贸提质增效示范项目，射洪经济开发区瞄准打造"锂电之都"核心区的目标，着力打造绿色低碳产业，在推动企业生产工艺绿色化、低碳化的同时，通过搭建绿色供应链信息管理平台等举措，带动上下游企业实行绿色伙伴式供应商管理，打造绿色产业链。四川支持绿色智能汽车产业发展，将防尘、降噪、节电、废气零排放等生产技术贯穿生产全过程，打造了名副其实的"资源节约型、环境友好型"绿色工厂。

支持外贸企业绿色转型升级。四川着力打造绿色工厂，推动企业生产工艺绿色化、低碳化。安排省级绿色低碳贸易资金，对绿色低碳优势产业外贸企业，在开展"碳足迹"国际认证、市场拓展、国际物流、外贸综合服务等方面给予专项支持，大力推动能源设备、晶硅光伏、动力电池、新能源汽车、钒钛等一大批优势低碳产品进军国际市场。2022年，四川这些产业进出口额达746亿元，同比增长148.5%，其中锂电材料进出口同比增长577%，在全国处于领先地位。

四　深化绿色贸易领域国际开放合作

深化绿色贸易国际合作，促进国际低碳规则沟通对接，有利于提升全球绿色贸易发展水平，助推如期实现碳达峰、碳中和目标。中国将继续践行生态文明理念，加快建设人与自然和谐共生的中国式现代化，以自身绿色转型推动全球绿色发展合作。

（一）提升绿色贸易发展水平

优化全球绿色产品和服务贸易结构。支持企业采用低碳绿色材料与技术工艺，进行绿色设计和制造。支持绿色产业链供应链的技术、设备、关键零部件及原材料贸易，增加环保、新能源等绿色低碳产品贸易，鼓励绿色消费品贸易。积极开展节能技术、低碳技术绿色设计、环境服务、节能环保等知识技术密集型服务贸易。严控高耗能、高排放产品贸易。

加强国际绿色产业链合作。以绿色贸易带动上下游产业和关联产业实现低碳发展，加强绿色制造国际合作，积极推动构建绿色低碳产业链供应链合作体系，促进高端要素与实体经济高效协同发展。协调产业发展与绿色转型，提升绿色产品和服务供给能力，构建绿色产业体系。坚持集约化、绿色化、智能化发展原则，提高新型基础设施利用效率，提升新型基础设施绿色化水平。鼓励企业实施绿色采购、推行绿色包装，协同推进绿色供应链管理。发展绿色低碳运输，提升现代物流绿色化水平。

加强技术交流合作。降低绿色产品和技术的市场准入成本，加速绿色产品和技术在全球范围扩散，激励增加并完善应对气候变化的顶层设计。加大节能环保、清洁生产、清洁能源等领域绿色技术创新力度，积极开展国际科研合作和技术交流，实现绿色低碳技术创新突破。鼓励企业、高校、科研院所与相关国际组织开展绿色技术创新交流与合作。深化节能环保、清洁能源等领域技术装备和服务国际合作，推动绿色技术和绿色服务交流共享。加强绿色低碳技术和产品知识产权保护。推动发达国家履行国际义务，向发展中国家提供资金、技术、能力建设支持，提升绿色发展水平。

（二）营造更加开放的绿色贸易发展环境

深化多双边和区域合作。共同维护以联合国为核心的国际体系，推动各方全面履行《联合国气候变化框架公约》及《巴黎协定》，积极参与国际航运、航空减排谈判。全面落实多双边和区域合作共识，切实推进绿色贸易领域国际交流与区域合作。加强与国际组织和机构合作，推动在绿色低碳贸易发展领域的制度沟通、技术交流、项目合作、人员培训等。高质量共建绿色"一带一路"。

推进绿色产品认证与标识国际互认。推动各国进出口商品的碳标签认证。推动电池等产品碳足迹方法论的协调与互认。加强绿色电力认证国际合作，推动建立国际绿色电力证书体系，加强绿色电力证书核发、计量、交易等国际标准研究制定。积极推动国际技术质量标准和规范制定，持续完善检验检测和认证认可国际合作交流体系，加强绿色标准国际合作。

深化绿色金融国际合作。推动气候投融资领域务实合作，鼓励发展绿色信贷、绿色债券、绿色保险、绿色主题公募基金等绿色金融产品和服务，为节能环保、清洁生产、清洁能源、生态环境、绿色基建、绿色服务等重点领域提供融资支持。深化绿色金融国际合作，积极构筑绿色金融国际合作机制，在绿色金融评估标准、环境与治理信息报告和披露等方面加强对接。加强绿色金融国际研讨，共同推动绿色投融资产品和服务创新。积极参与国际绿色金融标准研究和制定，加强绿色金融标准体系国际协调。

（三）夯实绿色贸易发展的制度性基础

完善促进绿色贸易的制度体系。探索建立绿色贸易评价指标体系。推动WTO《环境产品协定》谈判重启和APEC环境产品扩围，支持企业推出更多高质量绿色低碳产品。完善绿色贸易促进体系，支持绿色技术研发和绿色贸易公共平台载体建设，推动技术先进、成效明显、可行性高、推广性强的绿色低碳技术创新成果转化落地。支持举办绿色贸易主题展会，打造高水平、国际化的绿色贸易促进平台。

建立健全全国碳交易市场化机制。发挥全国碳排放权交易市场作用，进一步完善配套制度，逐步扩大交易行业范围。加强碳排放统计核算能力建设，深化核算方法研究，推动建立统一规范的碳排放核算方法体系。引导外贸加工制造企业开展清洁能源替代，降低单位产品碳排放。统筹推进碳排放权、用能权、电力交易等市场建设，加强市场机制间的衔接与协调，将碳排放权、用能权交易纳入公共资源交易平台。完善和推广绿色电力证书交易，促进绿色电力消费，推动绿证国际互认。加快国际碳市场的链接，推动中国碳市场项目与国际碳市场项目互认。

第六章

全球产业链供应链的稳定与发展

当今世界正经历百年未有之大变局，世界进入新的动荡变革期，产业链供应链稳定发展成为各国关注的重要问题。各国必须形成合作共识，持续扩大贸易投资规模，加强关键行业和领域合作，在更加开放的环境中建立安全、可靠和更具弹性的产业链供应链体系，提升产业链供应链数字化、绿色化水平，促进世界经济可持续发展。

一　全球产业链供应链加速调整

（一）全球产业链供应链依存度不断加深

全球产业链供应链广度和深度持续增强。经济全球化深入发展，市场准入的扩大、贸易投资的自由化便利化、交通运输和信息通信技术的变革，拓展了产业链供应链的深度和广度；资本、技术、劳动及专业知识，成为影响全球产业链供应链深度的重要因素，突出表现在中间品贸易、中介服务以及相应金融安排占据主导地位。以中间品贸易为例，据全球贸易观察（Global Trade Flow）数据测算，2010—2022年，全球中间品出口额增长83.8%，占全球出口比重从50.9%升至57.5%，拉动全球出口增长42.7个百分点。

区域间、区域内贸易发展不断加强。[①]2000年以来，亚洲、中东欧以及拉美地区的发展中经济体逐步融入全球产业链供应链。这一时期全球产业链调整呈

---

① 蒋小荣、杨永春、汪胜兰：《1985—2015年全球贸易网络格局的时空演化及对中国地缘战略的启示》，《地理研究》2018年第3期，第495–511页。

现两方面鲜明特征。一是发达经济体与新兴经济体间的贸易往来加强，尤其是欧洲、北美与亚洲产业链间的贸易往来明显增加。根据OECD TiVA数据（截至2023年9月，更新至2020年数据）计算，亚洲在欧洲和美洲中间品出口中占比，分别从2000年的10.4%和22.7%升至2020年的15.7%和32.4%。二是欧洲和亚洲区域内贸易的重要性不断增加。欧洲一直是区域经济一体化水平最高的地区，且在复杂价值链活动中尤为突出。根据OECD TiVA数据计算，2020年区内贸易在欧洲中间品出口中占比为64.8%，其中信息技术行业中间品出口中，区内贸易占比为68.2%。亚洲区域内贸易增长尤为明显，区域内贸易在亚洲中间品出口中的比重从2000年的44.4%升至2020年的50.4%。这显示越来越多的亚洲国家已深度融入区域和全球产业链供应链。

（二）全球产业链供应链格局基本形成

北美产业链以美国为中心，区内融合程度加深。根据OECD TiVA数据库，2020年加拿大和墨西哥向美国出口的中间品在两国中间品总出口中的比重均超过60%，而从美国进口的中间品比重则在50%左右。与美国中间品贸易往来关系较为密切的美洲国家还有秘鲁、哥斯达黎加、哥伦比亚、巴西、阿根廷等。从区外看，北美产业链与亚洲产业链联系密切，区域间主要贸易行业为"计算机、电子和光学产品""纺织品、服装、皮革和相关产品""电气设备""基本金属"等。根据OECD TiVA数据计算，2020年美洲经济体约32.4%中间品出口至亚洲经济体，较2000年上涨近10个百分点。2020年，信息技术行业对亚洲的中间品出口占比为38.0%。

欧洲产业链区内一体化程度较高。在"食品、饮料和烟草""木材以及木材和软木制品""纸制品和印刷""机动车辆、拖车和半拖车"等行业，欧洲内部的产业链关联更为密切，部分行业欧洲区内贸易的占比超过60%。而在"计算机、电子和光学产品""未另分类的机械和设备""纺织品、服装、皮革和相关产品"等行业，欧洲国家与区外国家的中间品贸易占比较高、产业链关联更为密切。资源型经济体和一些发展中经济体，在与欧洲经济体的贸易中呈现相对盈余，即对欧洲产业链依赖主要为市场需求依赖。而美国、新加坡等全球产业链参与度较高的经济体，在与欧洲的贸易中呈现相对赤字，即对欧洲产业链依赖主要为相关供给依赖。

亚洲产业链区内呈现梯度特征。矿产品、纺织服装和机电产品是亚洲产业链最具有代表性的三类行业。矿产品贸易大多为单向贸易流动（从出口国到进口国的一次流动），种类以原油、天然气和珠宝为主；纺织服装和电子产品的产业链大多为双向贸易流动，一些亚洲经济体在该产业链中存在复杂的竞争与互补关系，纺织服装产业链呈现"雁阵"式国别产业发展特征；电子产品的产业链较长，一些亚洲经济体间的中间品贸易往来密切，分工合作总体多于直接竞争。在高技术电子产品上，区内其他经济体对日本、韩国、中国台湾以及欧美国家均呈现较高依赖。

（三）全球产业链供应链韧性面临挑战

新一代信息技术、生物技术、新能源、新材料等正成为全球产业链供应链加速调整的重要领域，受到各国高度关注。主要经济体纷纷出台各类科技发展计划，借助政策支持、规则调整、制度安排等多方举措，抢占科技竞争制高点。欧盟 2022年通过的芯片法案计划投资超过 430 亿欧元，美国 2022 年芯片与科学法案拟拨款527 亿美元支持芯片产业发展。德国《国家工业战略 2030》、日本《综合创新战略2019》等，均明确了新一代信息技术产业、生物技术、绿色环保科技等关键技术发展领域。值得注意的是，个别国家泛化国家安全，严重影响全球产业链供应链安全稳定，造成全球供应链运行风险上升、成本明显上涨，各经济体更加关注在关键技术和核心零部件上的供应链安全问题。分行业看，供应链存在安全风险的产品主要是机电音像设备，光学、医疗等仪器，贱金属及其制品等（见图 6.1）。

总之，全球产业链供应链在相互依存加深的同时，受经济、政治等诸多因素叠加影响加速调整。大国博弈、地缘政治冲突加剧，使跨国公司日益感受到分散产业链供应链风险的迫切性，主动进行产业链供应链布局调整，一定程度上造成了全球产业链供应链的碎片化和短链化。

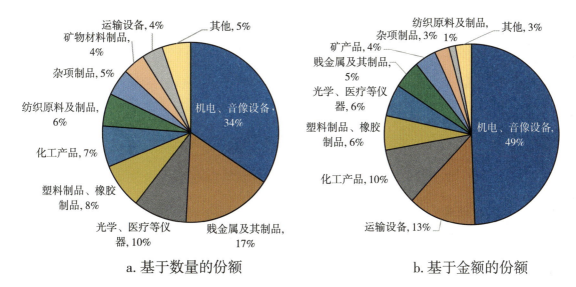

图6.1 产业链供应链存在安全风险的中间品，行业分布：2017—2021年均值
资料来源：根据UN Comtrade数据库整理。

专栏6-1　中国与美国产业链供应链风险比较

　　从经济因素看，中国的生产风险高于销售风险，美国销售风险高于生产风险。这是因为中国在全球产业链供应链中更多处于中下游环节，美国则处于相对上游环节。中国的生产更多依赖从国外进口中间品，美国则需要将自身生产的中间品销往国外。

　　从政治因素看，国际政治关系变化和国家对产业链供应链关键环节主导控制能力，直接影响相关的产业链供应链风险。2017年以来，美国对中国采取出口管制等系列制裁措施，使得中国的生产风险和销售风险相比于仅考虑经济因素时大幅度增加。仅2022年，美国就以参与相关武器研发或其他军民融合活动、与伊朗开展业务或涉及人权问题等为由，分4次将61家中国实体列入"实体清单"，分2次将64家中国实体列入"未经核实清单"，涉及人工智能芯片、半导体装备、航空航天、电子信息等高科技行业。

　　美国对中国相关高科技领域和企业采取断供措施，不仅不利于中国，也不利于美国，更不利于全球。其一，断供将使美国相关企业失去庞大的中国市场和高额利润，损害美国自身产业利益；其二，断供导致中国企业无法按时交付产品，导致全球产业链供应链断裂，进而波及美国消费市场，导致供应受阻、价格上涨，损害美国消费者利益；其三，断供不仅影响美国企业，也影响与之相关联的全球企业，使得全球经济、贸易和投资风险与不确定性显著上升。

以半导体产业为例，由于芯片涉及的复杂技术、巨额资金投入及越来越短的升级换代周期，半导体产业必须在世界范围内配置资源，发挥各国比较优势，进行全球产业分工。若只有少数几个国家参与，既不符合市场规律，造成资源浪费和无效投入，也因其干扰阻碍了高端芯片产业的进步和健康发展，阻碍全球科技进步。[①]据美国学者估算，美国要实现芯片产业本土化，可能导致芯片价格上涨35%—65%。[②]据国际货币基金组织研究，"去中国化"导致的贸易中断、技术"脱钩"及经贸冲突，可能引发全球GDP下降5%。[③]

二 全球产业链供应链演进方向

（一）本土化联盟化趋势加强

各经济体供应链本土化诉求强化，美国、日本、欧盟等推动将医疗设备等关键行业的供应链搬回国内。例如，美国2020年以来相继出台《全球紧急状态法案》(Global Emergency Act)、《国防生产法案》(Defense Production Act)、《清洁能源法案》(Clean Energy Act)、《2022年美国竞争法案》(America COMPETES Act of 2022)，通过税收减免、补贴、加大投资等举措，试图让关键供应链迁回美国本土，培育国内的医疗设备、新能源汽车、芯片等关键产品供应链。日本实施2435亿日元的供应链改革计划，支持日本企业迁回国内。同时，由于要素禀赋、国内市场规模和技术的限制，单个国家不可能从事产业链供应链的所有

---

① 韦宗友：《拜登政府对华科技战略评析》，《当代世界》2023年第5期，第31–36页。

② Varas, A., Varadarajan, R., Goodrich, J., Yinug, F., "Strengthening the Global Semiconductor Value Chain," 2021, https://www.semiconductors.org/wp-content/uploads/2021/05/BCG-x-SIA--April-2021_1.pdf.

③ Cerdeiro, D. A., Mano, R., Eugster, J., Muir, D. V. and Peiris, S. J., "Sizing Up the Effects of Technological Decoupling," IMF Working Paper No. 2021/069, 2021.

生产环节，部分发达国家开始尝试推动战略性产品的供应链联盟化。2022年10月，美国出台出口管制新规，限制对华出口用于制造中国本土半导体设备的物项；2023年6月，荷兰对光刻机实施出口限制，进一步与美日组成"芯片联盟"。

（二）区域化多元化步伐加快

多元化可以分散风险，避免因个别国家以制裁等方式人为扰乱阻断产业链供应链所造成的安全隐患；区域化可以通过产业链集群降低运输成本，缩短物流时间，提高物流调度效率，最大程度地避免自然灾害、疫情等造成冲击。

近年来，向世界贸易组织（WTO）通报的区域贸易协定数量快速增长。2022年1月，全球最大的自贸区《区域全面经济伙伴关系协定》（RCEP）开始生效，2023年6月RCEP对15个成员国全面生效。RCEP成员国积极推动协定落地实施，展现了各方支持开放、自由、公平、包容和以规则为基础、以发展为导向的贸易体制的决心和行动，为亚太区域经济一体化注入强劲动力，促使成员国间贸易投资一体化步伐加快，产业链供应链合作进一步深化，更加多元、更具韧性。

（三）数字化智能化优势彰显

大数据、5G、人工智能、云计算、虚拟现实、物联网等新一代信息技术，有利于构建长效、灵活和富有弹性的数字化、智能化产业链供应链，快速识别各供应层级的风险、促进不同层级的合作并有效应对不确定性风险。数字化可提升产业链供应链对冲击的响应速度，打破生产要素流动的时空限制，降低产业链供应链企业交易成本，增强了产业链供应链韧性，显著提高了经济效率，巩固了地区发展优势。当前，各国纷纷加快完善数字经济治理体系，大力发展数字产业，积极推进传统产业数字化转型。2021年以来，美国陆续颁布《临时国家安全战略指南》《2021年战略竞争法案》《2021年美国创新与竞争法案》等系列法案，加大对人工智能、5G、自动驾驶等数字经济领域的支持力度。欧盟、日本等也通过《2030数字指南针》《经济安全保障推进法》等相关规划，为人工智能、量子通信等新兴技术研发提供资金和资源支持。2023年，中国发布《数字中国建设整体布局规划》，明确数字经济、数字社会、数字政府、数字文化等八大领域以及新型基础设施建设、数据资源开发利用、关键核心技术攻关、数字产业创新发展等重大工程。

（四）绿色化低碳化转型提速

在气候变化、环境污染以及地缘政治冲突等压力下，全球主要经济体为提升产业链供应链韧性和安全水平，加快推进经济、能源等领域绿色转型。2023年，欧盟相继出台《绿色协议产业计划》（The Green Deal Industrial Plan）、《净零工业法案》（Net Zero Industry Act）、《关键原材料法案》（Critical Raw Materials Act），提升绿色产业在宏观产业战略中的位置，在氢能、太阳能、先进生物燃料、电池研发和制造等绿色能源、储能及相关领域，加大资金投入，加紧绿色技术研发和应用。发展中国家加快能源转型，通过绿色化实现转型发展，提升产业链供应链竞争力。2021年以来，以沙特阿拉伯、阿拉伯联合酋长国为代表的海湾国家通过加大投资、技术革新、国际合作等多种方式，持续推进太阳能、风能、氢能等清洁能源产业发展，打造除油气外的第二增长极，助推经济低碳和可持续转型。2022年，中国发布《工业领域碳达峰实施方案》，支持汽车、机械、电子、纺织、通信等行业，将绿色低碳理念贯穿产品设计、原料采购、生产、运输、储存、使用、回收处理全过程，加快推进构建统一的绿色产品认证与标识体系，推进产业链供应链全链条绿色低碳发展。

三　以共同开放提升全球产业链供应链韧性

为提升全球产业链供应链韧性和安全水平，应对各类突发事件造成的断链风险，各国应当携手构建更加开放的世界经济，充分发挥各国特色和优势，优化产业链供应链布局。紧抓新一轮科技革命机遇，拓展产业链供应链发展空间，在开放中建立安全、可靠和更具弹性的产业链供应链体系。

（一）致力于发展更加开放的世界经济

坚持并践行真正的多边主义，聚焦全球性问题，加强全球公共产品建设。支持世界贸易组织、亚太经合组织等国际机构在数字经济、绿色经济等重要议题上加强沟通磋商，推动达成更加公平合理的规则标准。推动世界各国互联互通，加强跨境新基础设施建设，畅通现代物流，形成稳定的能源、资源、产品等运输通道。提升各类多双边和区域开放合作水平，持续开展产业链供应链上下游配套协作，稳定跨国公司扩大全球贸易投资布局的信心、决心。

（二）致力于优化产业链供应链布局

充分发挥各国在资源禀赋、开放能力、市场潜力等方面的特色和优势，推进全球产业链供应链开展积极有效的协作，支持更多的发展中国家深度融入其中，实现可持续发展。持续深化区域内产业合作，加强不同产业和细分生产环节的多层次合作，优化原材料、制造加工、技术标准等多个环节的全球和区域联动布局，推动资本、技术、劳动密集型产业有序国际转移，形成相对稳定的全球产业链供应链格局。

（三）致力于拓展产业链供应链空间

聚焦数字经济和信息技术，推动各国积极培育新产品、新业态、新模式，构建高效协同、敏捷柔性的产业链供应链。聚焦影响全球的重大突破性技术和新兴产业，打造开放的创新资源合作平台，加强新兴技术领域的科技人才与技术交流合作，更好地发挥科技创新对产业链供应链韧性的引领和保障能力。建立电子信息、汽车、医药等领域的产业协调机制，营造良好的产业发展环境，充分发挥市场在资源配置中的决定性作用，强化全球宏观政策协调，降低政治因素对产业链供应链安全的扰动。

第七章

全球共同开放与国家经济安全

对外开放是一国维护自身主权、安全和发展利益的必需和有力手段，要在扩大开放中推进发展、提升实力，谋求动态安全。在全球化时代，一国的开放与安全问题又同全球的开放、发展、安全密不可分，经济安全呈现相互性、系统性和全球性特征，"一荣俱荣，一损俱损"。构建人类命运共同体，兼顾各国的立场和利益，坚持真正的多边主义，推进世界共同开放，维护全球共同安全。

一 "安全—发展"视角下的开放度选择

对一国而言，对外开放带来的机遇与挑战始终并存。充分利用机遇、妥善应对挑战，需要统筹好发展和安全的关系，在不同时期、不同发展水平上寻找二者的"黄金结合点"。[①]

开放的合意性（warrantedness）即开放度得到开放主体开放能力保证（warrant）的特性。一个经济体的合意开放度（warranted openness），就是得到了该经济体开放能力保证的开放度。开放能力所能保证的最大开放度，是该经济体最大的合意开放度，也是其最优开放度（optimal openness）。

[①] 中国社会科学院世界经济与政治研究所、虹桥国际经济论坛研究中心：《世界开放报告2022》，中国社会科学出版社2022年版，第23页。

中国学者在《新时代国家安全学论纲》中构建了一个一般性的分析框架。[①] 借鉴该模型，本节聚焦经济体的对外开放决策，在"安全—发展"视角下，探讨经济体的合意开放度和最优开放度选择。经过理论模型分析（参见专栏7-1），得出以下结论。

第一，经济体参与对外开放的关键是选择开放度，而开放度本身是基于安全和发展之间权衡取舍的结果。

第二，经济体的开放水平应当止于最优开放度，此时能力恰好与发展成果完全匹配，实现效用最大化。任何高于该水平的开放度都是不合意开放度，会造成国家安全赤字。

第三，对于不同经济体、同一个经济体的不同阶段，由于政治、社会条件和经济要素禀赋等差异，最优开放度也有不同。

专栏7-1　"安全—发展"视角下的对外开放理论模型

本书假设经济体在参与全球化过程中，需要决定自己的实际开放度x。开放度x介于0和1之间，数值越大代表经济体开放程度越高，0代表极端封闭，1代表极端开放。经济体在开放过程中面临"安全—发展"的权衡取舍。

假设经济体开放度为x，相应发展成果为Y(x)，相应安全水平为S(1-x)。Y(.)为发展成果生产函数，S(.)为安全生成函数，为了简化分析过程，假设Y(.)和S(.)均为线性函数。图7.1是经济体在开放过程中发展和安全的投入产出关系示意图，NP线表示一国发展成果的产出曲线，横坐标（左起）代表开放度x，右纵坐标代表发展产出Y(x)，其斜率表示增加开放度所能产生的边际发展成果。MQ线表示该国安全生成曲线，左纵坐标代表安全水平S(1-x)，其斜率是减少开放度所带来的边际安全。

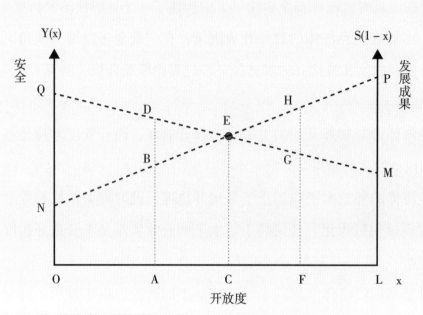

图7.1 "安全—发展"视角下的开放度决策图示

可能遇到以下三种情况。第一，当该国的开放度位于F点时，产出了FH的发展成果和FG的安全水平，此时GH段的发展成果得不到安全保障，该国处于安全不足的状态，效用水平为FG。第二，当该国的开放度位于A点时，此时产出的安全可以保障AD水平的发展成果，而实际的发展产出仅为AB，该国处于安全过度状态，效用水平为AB。第三，当该国的开放度位于C点时，相应的安全水平CE恰好等于其发展成果CE，该国处于均衡安全状态，效用水平为CE。通过比较上述三种开放度下的效用水平，可以发现一国最优的开放度应位于C点，此时效用水平最高，任何偏离该点的开放度都会造成安全过剩或不足。

综上所述，当且仅当该国的开放度位于C点时，其安全水平同发展成果相当，实现总效用最大化，因此C点的开放度是最优开放度。相应的，对于OC段上的任意一点，该经济体的安全水平都足以保障发展成果，均为得到了开放能力保证的开放度，因此OC段的开放度是合意开放度。

二　"安全—发展"视角下的开放发展新趋势

（一）贸易投资壁垒持续增多

单边限制措施急剧增加。IMF专家根据"全球贸易预警"数据测算，过去十年间，各国对跨境贸易和投资采取的单边限制措施急剧增加。2022年全球货物贸易、服务贸易和跨境投资的限制措施同比增长14%，达2845项（见图7.2）。其中，投资限制措施达239项，是2021年的3.8倍。数字服务贸易也受到越来越多的限制，对新兴行业和全球产业链供应链产生不利影响。

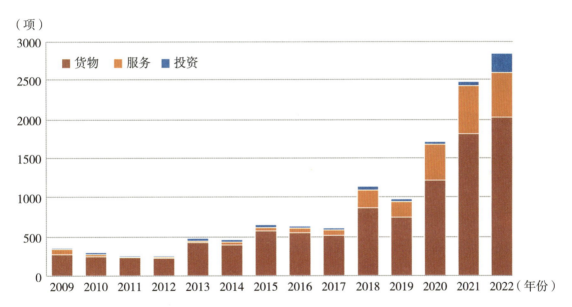

（项）

图7.2　全球贸易投资限制措施数量：2009—2022年

资料来源：IMF专家根据"全球贸易预警"数据计算，Marijn, A., B., Chen, J., Kett, B., "Disruption in Trade Threatens Losses to Global Living Standards As Severe As Those from COVID-19", 2023, https://www.imf.org/en/Publications/fandd/issues/2023/06/the-costs-of-geoeconomic-fragmentation-bolhuis-chen-kett.

安全监管手段不断加码。在全球贸易和投资领域，越来越多的国家引入了以国家安全为由的监管措施，具体包括针对关键基础设施和敏感技术领域的外国直接投资进行严格审查，对特定国家或产品实施进口限制和出口管制等。将国家安全泛化，不仅导致贸易投资壁垒增多，也使数字经济发展受到更多限制。

（二）全球开放更加注重效率和安全兼顾

全球各国开始寻求多样化的供应链和合作伙伴，保障关键行业和关键技术的供应安全，增强对风险挑战的抵御能力。比如，截至2023年8月，世界贸易组织（WTO）累计收到595份关于区域贸易协定（RTA）的通报，361个RTA正在生效。同时，各国对战略资源的需求不断增加，对战略通道的依赖程度也不断提高。苏伊士运河承担了全球集装箱运输量的30%。2021年运河出现阻塞，直接导致全球价值96亿美元的货物贸易受阻。因此，保障战略通道安全，避免受到恐怖主义、海盗活动、地缘政治、不可抗自然事件等冲击，是世界各国共同面临的紧迫任务。

（三）与安全相关的诉求更加多元化

能源安全方面，各国既要保障传统能源供应安全，减少对外部能源供应依赖，提高能源的自给能力和效率，也要调整能源结构和消费模式，发展可再生能源、清洁能源和低碳能源，推动节能减排和绿色发展。同时，能源富集型国家希望通过保障能源出口提升收入，逐渐推动经济结构转型，避免陷入"资源诅咒"之中。能源稀缺型国家希望降低能源进口成本和风险，提高能源利用效率和清洁度，减轻对外部市场的依赖。

粮食安全方面，受环境、资源和经济等影响，各国粮食自给率差异较大，与全球人口分布比重存在较大程度错配。如非洲人口约占全球总人口的17%，但许多非洲国家粮食自给率在50%以下，非洲45%的小麦和80%的水稻都依赖进口。因此，在促进农业粮食供应体系转型、提高农业生产效率、提升粮食安全保障方面，各国侧重点和诉求有所差异。

技术转让和知识产权方面，技术落后的国家需要大量的技术投资，一旦高科技国家泛化国家安全、强化对高科技产品的出口管制和投资限制，二者的技术鸿沟会越来越大。

数据和网络安全方面，数字经济规则既要保障数据高效流动，也要保障数据隐私等方面的安全。各国在数据治理、网络安全、数据流动等问题上存在不同的立场和政策，导致全球数字领域规则出现分化和碎片化趋势。

环境安全和可持续发展方面，发展中国家面对全球化和工业化的压力，关注在经济发展和环境保护之间找到平衡；发达国家已实现工业化，更多关注绿色贸易、可持续投资和全球经济绿色转型。

（四）开放安全的多层次合作需求不断增加

在全球合作层面上，全球性的议题，如气候变化、能源安全、网络安全、公共卫生等，都需要全球范围内的合作与对策。全球层面的经贸规则须在全面、精确、平衡的基础上，构建全球性的合作框架和争端解决机制，应对全球性的安全挑战，并由多边机构制定具有普遍适用性和约束力的规则。

在区域合作层面上，由于地理位置、历史背景、文化特性、发展水平等因素的影响，同一地区的国家往往具有更紧密的经济联系，以及更具体、更特殊的合作需求和安全挑战。欧洲国家可能更侧重于环保标准，亚洲国家可能更关注市场准入和技术进步，而非洲国家可能更加关切发展援助和技术援助等问题。因此，区域层面的经贸规则需在灵活、针对性的基础上，充分考虑各方的利益和需求，构建区域性的合作框架和争端解决机制，应对区域性的安全挑战。

专栏7-2　开放与安全问题典型案例分析

案例一：中国改革开放促进经济发展提升区域安全

改革开放促进中国综合实力的提升。1979—2022年，以不变价美元计算的中国实际GDP增长40倍，占世界GDP的比重从1.5%上升到18.2%。进入21世纪，中国逐渐成为全球最重要的制造业中心，对外贸易规模持续扩大。2022年，中国货物贸易的全球份额为12.4%，其中货物出口的全球份额为14.7%，连续14年居全球首位，进出口总额连续6年居全球首位。

改革开放以来，中国积极与区域共享经济发展成果，促进地区经济繁荣稳定，提升了区域安全水平。中国提出"一带一路"倡议，推动设立亚洲基础设施投资银行、新开发银行等机构，为促进区域互联互通、实现共同发展提供新平台。推动达成《区域全面经济伙伴关系协定》（RCEP），与14个东亚和南太平洋地区主要国家，一同缔造全球规模最大、最具发展潜力的自贸区。自由贸易伙伴覆盖亚洲、大洋洲、拉丁美洲、欧洲和非洲，与自贸伙伴的贸易额占外贸总额35%左右。

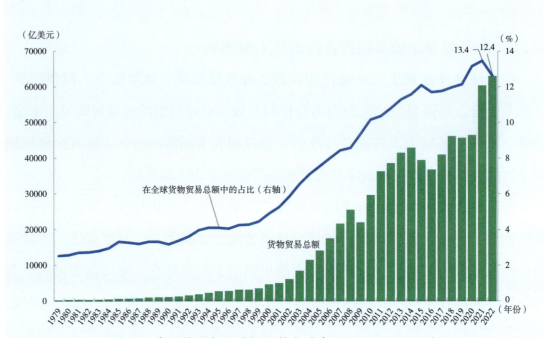

图7.3 中国货物贸易总额及其全球占比：1979—2022年

资料来源：世界银行数据库。

为解决全球性问题提供中国方案。中国提出构建人类命运共同体、全球发展倡议、全球安全倡议、全球文明倡议、推进全球治理体系变革、建设开放型世界经济等重要倡议和主张。充分发挥联合国主渠道作用，深入参与网络安全、气候变化、太空探索等领域、新兴领域的国际规则制定。加强与发展中国家的政策协调，扩大与美欧的合作对话，以新兴领域为切入点，增强发展中国家的话语权和影响力。

中国改革开放的历史证明，开放有利于国家安全和区域发展。

案例二：美国削减关税促进美国经济发展与安全水平

历史上，美国通过削减关税，不仅促进了美国的经济增长，还提升了美国的安全水平。第二次世界大战期间，美国政府开始制订雄心勃勃的多边协议计划，以期在战后迅速减少关税壁垒并消除世界各地的歧视性贸易政策，扩大国际市场。[①]

1944年美国应课税产品平均进口关税为33%，1950年降低到13%。Goldstein等研究发现，与非成员国相比，美国与成员国之间的双边贸易在签订条约后的两年内平均增长了136%。[②] 1945年美国与27个国家签订了32个互惠贸易协定，降低了64%进口商品的关税税率，使美国关税税率在1930年水平上降低了40%。Subramanian等研究表明，《关税及贸易总协定》促进了二战后世界贸易的发展，推动世界各地经济复苏。[③] 长期大幅削减关税，也使美国通货膨胀率从20世纪80年代初的6%的正常水平，稳步下降到2019年前的2%以下，大幅提升了美国财政金融政策的执行空间。自由贸易理念指导下的协定关税时期，美国通过削减关税，不仅促进了自身发展，也有助于全球经济发展。

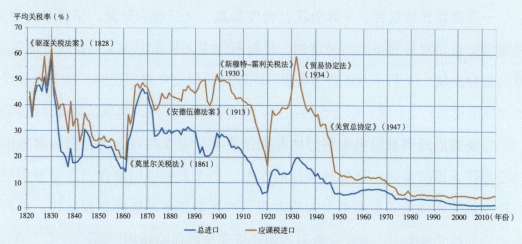

图7.4　美国平均关税率：19世纪20年代至21世纪20年代

资料来源：US Department of Commerce, Bureau of the Census, "Historical Statistics of the United States 1789–1945", U.S. International Trade Commission, dataweb.usitc.gov.

---

① 余淼杰、郑纯如、黄淏铨：《美国贸易政策的历史演变及启示》，《长安大学学报》（社会科学版）2019年第5期，第1—9页。

② Goldstein, J. L., Rivers, D., Tomz, M., "Institutions in International Relations: Understanding the Effects of the GATT and WTO on World Trade", *International Organization*, Vol.61, No.1, 2007, pp.37—67.

③ Subramanian, A., Wei, S., "The WTO Promotes Trade, Strongly But Unevenly", *Journal of International Economics*, Vol.72, No.1, 2007, pp.151—175.

根据York研究测算，近年来美国施加的关税，在10年间仅能带来739亿美元税收收入，长期来看将导致美国GDP下滑0.21%，工资水平下滑0.14%，工作岗位减少16.6万个。[①]

三　在更加包容的世界中协调推进开放与安全

经济安全是国家安全的基础，树立开放的经济安全观，要在扩大开放中动态地谋求安全。从世界大势看，在开放中谋安全成为国际主流，各国相互开放推动经济全球化，世界经济相互依存，"你中有我，我中有你"。从理论角度看，开放系统比封闭系统更安全，根据熵定律，开放系统导致有序并产生新的活力，封闭系统导致无序而走向消亡。从发展前景看，扩大开放是全球各国发展兴旺的必由之路。

一是坚持开放包容、平等公正、合作共赢。以开放为导向，坚持多边主义，坚定维护自由贸易和多边贸易体制，反对单边主义和保护主义，促进互联互通，鼓励融合发展。以平等为基础，尊重各国的社会制度和发展道路，推动全球经济治理体系更加公正合理。以合作为动力，坚持共商、共建、共享，促进合作共赢。

二是推动现有多边机制更好地发挥作用。坚定支持联合国在国际事务中的核心地位，维护多边主义和联合国的作用，扩大发展中国家在国际事务中的发言权。加快推动世界贸易组织改革进程，尽快恢复争端解决机制运作。在现有多边治理体系框架下，充实完善对各国经济安全的保障作用。

三是探索建立全球安全治理新平台。促进全球经济治理与安全治理机制协同发展，探索设立国际安全基金组织等机制平台，有针对性地帮助发展中国家提升开放能力，推动全球化收益在各国之间以及一国内部各群体之间均衡合理分配，在全球层面实现高质量开放、发展和高水平安全的动态平衡。

---

① York, E., "Tracking the Economic Impact of U.S. Tariffs and Retaliatory Actions", June 7,2023, Tax Foundation, https://taxfoundation.org/research/all/federal/tariffs-trump-trade-war/.

专栏7-3 协调推进开放与安全的三种路径

单边主义路径。在该路径下，各国完全独立决策，基于自身的"安全—发展"平衡，选择合意开放度。单边主义路径将带来巨大的社会成本，引发全球化大幅倒退。一方面，各国独立决策会导致合意开放度的不一致，表现为关税税率、行业准入等国际标准的不一致，造成全球化过程中的资源配置效率损失，影响开放的质量。另一方面，在全球化分工中，一国决策会带来很强的外部性，例如，一国出于国家安全考量而退出全球分工合作体系，对相关供应链中的上下游参与者而言，则是一种人为的断供，承担负面外溢风险。

"选边"主义路径。在该路径下，少数国家在特定领域"选边站队"结成经济联盟，联盟内成员基于自身"小圈子"的"安全—发展"平衡，共同决定合意开放度。该路径在实现联盟内部开放的同时，有可能带来"各搞一套"的效应，影响联盟之间的互相开放水平，甚至引发冲突对抗，加剧地缘风险。

多边主义路径。在该路径下，主要经济体加强沟通合作，以实现全球"安全—发展"平衡为目标，兼顾各方立场和利益，推进多边合作进程，推动在全球范围实现更加合意的开放。该路径可增强各国信任度、深化国际合作、降低全球安全治理赤字，有助于协调推进开放与安全，推动全球化走出"瓶颈"，实现全球共同开放与共同安全。

第八章

全球价值链发展现状及趋势

全球价值链（Global Value Chain，GVC）的发展是经济全球化的重要标志，对促进世界经济增长具有重要作用，呈现区域化、短链化和扁平化等特征，正向高端化、多元化和数字化转型。在全球价值链视角下，国别开放、区域开放、全球开放是相互依存、层层递进的关系，合力推进全球价值链的健康发展，将有利于经济体共享经济全球化发展所带来的益处。中国是推动全球价值链发展的重要力量，已成为全球制造业供应中心之一。

一 经济全球化时代全球价值链蓬勃发展

全球价值链的发展，折射出现代国际贸易的演进。国际贸易根据生产分工及跨境特征，可分为境内贸易、传统贸易、全球价值链贸易[①]三个部分，分别对应三种情况，即交换活动全过程不跨境、生产过程不跨境、生产过程跨越边境一次及多次。全球价值链贸易实际上是经济利益在国际分工和价值分配上的表现，同时也是影响国际经济合作的重要力量。

主要经济体全球价值链贸易规模翻番。2007—2021年，基于亚洲开发银行（ADB）全球投入产出数据库计算全球价值链增加值[②]分解指标所得的结果显示：

[①] 全球价值链贸易：经济体跨境出口活动中货物和服务的增加值总和。

[②] 全球价值链增加值：指在全球范围内产品或服务在生产和交付过程中所增加的附加价值。

在62个世界主要经济体中，有60个经济体的全球价值链贸易额出现上升[①]，平均增幅为107%。

在外部冲击下展现出强劲韧性。2008年，美国发生次贷危机，后迅速蔓延至全球，引发了一系列的金融危机与经济萎缩现象。受相应外部需求走低影响，2008—2009年主要经济体全球价值链贸易额曾出现短暂下降（见图8.1），随即从2010年开始，再次进入上升轨道。2020年受新冠疫情影响，全球价值链贸易额再次下跌，但在2021年重回增长态势。全球价值链贸易在经受上述两次世界范围不利冲击影响后，规模依然呈走高趋势，展现了全球价值链分工体系的韧性。

（亿美元）

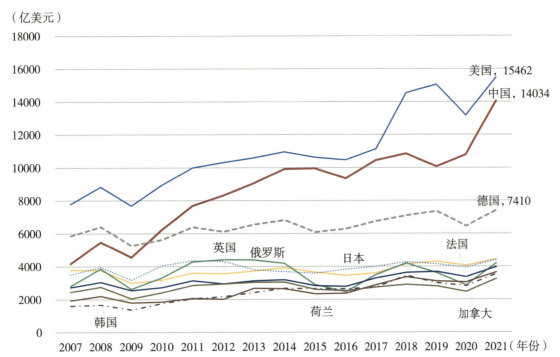

图8.1　全球价值链贸易额：排名2021年前十的经济体，2007—2021年

美国、中国[②]、德国稳居全球价值链贸易前三。2007—2021年，中国、美国

---

① 此处指60个经济体的全球价值链贸易规模指标在2021年的数值高于2007年的数值。

② 本文采用全球价值链分解体系定义经济体范畴，即区分中国大陆、中国香港、中国澳门和中国台湾，以下中国大陆简称为中国。

的全球价值链贸易额迅速增长，德国增速相对平稳，中国在2010年超过德国，成为全球价值链贸易额世界排名第二的经济体。与2007年相比，2021年全球价值链贸易额排名前十的经济体中（见表8.1），美国仍居世界首位，中国超越德国位列第二，韩国超越加拿大和意大利位居第九位。老挝、柬埔寨、蒙古国、越南和马耳他增长较快，芬兰、希腊、意大利、挪威等增速缓慢。

表8.1　　　全球价值链贸易规模：排名前十的经济体，2007年和2021年

单位：亿美元

排序，2021年	经济体	2021年	2007年	排序，2007年
1	美国	15462	7776	1
2	中国	14034	4169	3
3	德国	7410	5864	2
4	英国	4415	3787	4
5	日本	4399	3508	5
6	俄罗斯	4175	2809	6
7	法国	3956	2728	7
8	荷兰	3637	1942	10
9	韩国	3549	—	—
10	加拿大	3241	2455	8
—	意大利	—	2417	9

专栏8-1　传统贸易发展趋势

2007—2021年，世界范围内主要经济体的传统贸易规模[①]呈现上升趋势，其间受国际金融危机影响曾出现短暂收缩，但降幅相对较小。从传统贸易的金额规模看，领先梯队的成员结构相对稳定，中国长期位列世界第一，美国和德国紧随其后（见图8.2），排名前十的经济体也相对稳定（见表8.2）。

———————
① 传统贸易指贸易品的生产过程不跨境的贸易活动。

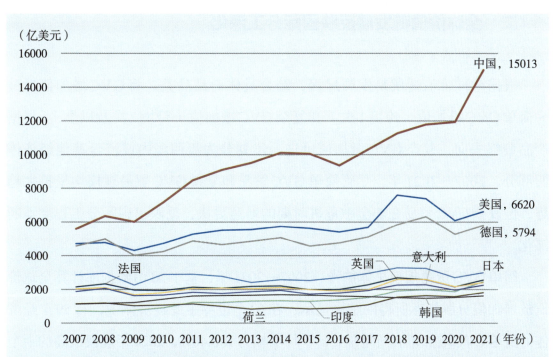

图8.2　传统贸易规模：排名2021年前十的经济体，2007—2021年

表8.2　　　　　　　传统贸易规模：排名前十的经济体，2007年与2021年

单位：亿美元

排序，2021年	经济体	2021年	2007年	排序，2007年
1	中国	15013	5587	1
2	美国	6620	4711	2
3	德国	5794	3885	3
4	日本	2997	2860	4
5	法国	2558	2156	5
6	印度	2452	—	—
7	英国	2403	2029	6
8	意大利	2261	1880	7
9	荷兰	1813	1143	9
10	韩国	1612	1125	10
—	加拿大	—	1243	8

二 全球价值链发展反映国际分工深化

根据全球价值链贸易发展过程，结合具体商品品类，将GVC增加值拆分为简单GVC增加值（跨境1次）和复杂GVC增加值（跨境2次及以上）。根据产品最终去向，复杂GVC增加值可进一步划分为流回境内或流至其他经济体两部分。2007—2021年，尽管简单GVC贸易和复杂GVC贸易规模均呈扩大趋势，但复杂GVC贸易在非金融危机时期的增速更快，反映出国际分工程度不断深化。

简单GVC贸易规模总体扩张。2007—2021年，基于ADB数据库计算全球价值链增加值分解指标所得的结果显示：在62个世界主要经济体中，有59个经济体的简单GVC增加值有所增加[①]，平均增幅为106.40%，2021年规模最高的十个经济体见图8.3。简单GVC贸易规模排名前十的经济体相对稳定，**美国、中国、德国长期位居世界前三**（见表8.3）。

图8.3 简单GVC规模：排名2021年前十的经济体，2007—2021年

---

① 此处指59个经济体的简单GVC规模指标在2021年的数值高于2007年的数值。

表8.3　　　　　简单GVC规模：排名前十的经济体，2007年与2021年

单位：亿美元

排序，2021年	经济体	2021年	2007年	排序，2007年
1	美国	8486	4285	1
2	中国	8070	2455	3
3	德国	3770	3225	2
4	英国	2628	2173	4
5	日本	2565	1898	5
6	俄罗斯	2499	1562	7
7	加拿大	2460	1872	6
8	法国	2124	1518	8
9	韩国	2052	—	
10	荷兰	1957	1075	10
—	意大利	—	1347	9

最后流回境内的复杂GVC贸易规模稳步提升。2007—2021年，在62个世界主要经济体中，50个经济体的最后流回境内的复杂GVC贸易额有所增加，平均增幅为238.2%，约为期初的三倍[①]，2021年规模最高的十个经济体见图8.4。最后流回境内的复杂GVC贸易规模排名前十位成员相对稳定，**美国、中国、德国长期位居前三，但排序存在变化**（见表8.4）。与2007年相比，2021年美国仍居世界首位，中国超越德国位列第二，韩国超越俄罗斯居第十位，荷兰超越意大利位居第七位。柬埔寨、老挝、越南、蒙古国、保加利亚等国相应指标快速增长。

---

① 此处指50个经济体的最后流回境内的复杂全球价值链规模指标在2021年的数值高于2007年的数值。

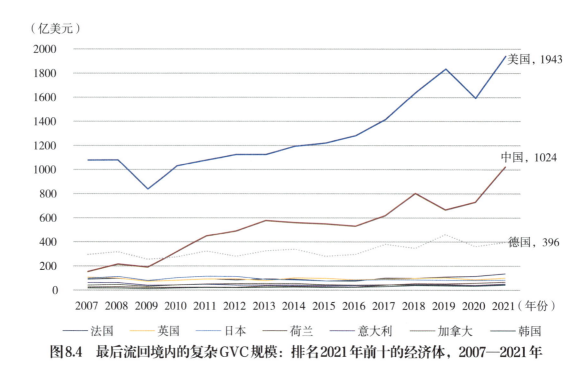

（亿美元）

图8.4　最后流回境内的复杂GVC规模：排名2021年前十的经济体，2007—2021年

表8.4　　　最后流回境内的复杂GVC规模：排名前十的经济体，2007年与2021年

单位：亿美元

排序，2021年	经济体	2021年	2007年	排序，2007年
1	美国	1943	1080	1
2	中国	1024	153	3
3	德国	396	295	2
4	法国	136	91	6
5	英国	100	107	4
6	日本	84	100	5
7	荷兰	67	—	—
8	意大利	51	63	7
9	加拿大	45	42	8
10	韩国	43	—	—
—	俄罗斯	—	29	10
—	西班牙	—	29	9

　　最后流至其他经济体的复杂GVC贸易规模持续扩张。2007—2021年，在62个世界主要经济体中，60个经济体的最后流至其他经济体的复杂GVC贸易规模

有所增加①，平均增幅为113.17%，排名最高的十个经济体见图8.5。排名前十的经济体结构相对稳定（见表8.5）。与2007年相比，2021年美国仍居世界首位，中国超越德国位列第二，其余前十经济体名单没有变化，但其中部分经济体位次有变化。老挝、柬埔寨、吉尔吉斯斯坦、越南、比利时等国相应指标值呈现陡增趋势。

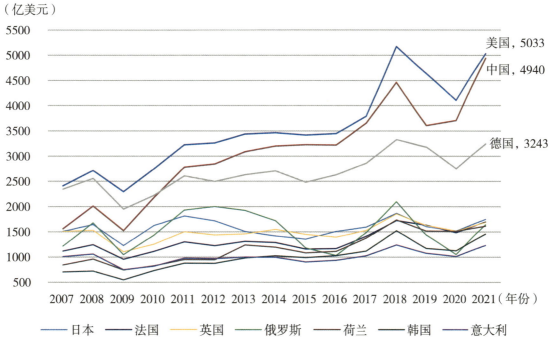

图8.5　最后流至其他经济体的复杂GVC规模：排名2021年前十的经济体，2007—2021年

在复杂GVC贸易活动中，最后流至其他经济体的贸易规模高于最后流回境内的贸易规模，前者约占89%②。中国的简单GVC贸易规模与最后流至其他经济体的复杂GVC贸易规模均位居世界前列，表明伴随国际分工程度不断加深，中国与其他经济体协作愈加密切，在稳定世界生产网络上发挥着重要作用。

---

　　①　此处指60个经济体的最后流回境内的复杂全球价值链规模指标在2021年的数值高于2007年的数值。

　　②　以2021年数据为例，世界总体最后流至其他经济体的复杂GVC金额约为5569.35亿美元，世界总体流回境内的复杂GVC金额约为46406.56亿美元，分别占世界总体复杂GVC金额的89.3%与10.7%。

表8.5　　　最后流至其他经济体的复杂GVC规模：排名前十的经济体，
　　　　　　2007年与2021年

单位：亿美元

排序，2021年	经济体	2021年	2007年	排序，2007年
1	美国	5033	2411	1
2	中国	4940	1560	3
3	德国	3243	2344	2
4	日本	1750	1511	4
5	法国	1697	1119	7
6	英国	1687	1506	5
7	俄罗斯	1644	1218	6
8	荷兰	1613	842	9
9	韩国	1454	705	10
10	意大利	1233	1008	8

三　主要经济体从不同环节深度嵌入全球生产网络

GVC前向参与度[①]高的经济体主要位于全球生产网络的上游，主要出口中间产品和服务；GVC后向参与度[②]高的经济体主要位于全球生产网络的下游，主要依赖进口中间产品和服务进行产品生产与出口。

主要经济体对全球生产网络的参与程度均不断加深。2007—2021年，主要经济体GVC前向参与度与后向参与度均呈现波动上升趋势。与此同时，区域间差异明显，表明各大洲经济体在全球生产网络中扮演不同角色。具体而言，亚洲经济体在GVC生产网络中分布范围较广，不同经济体在上下游不同环节发挥重要作用；欧洲区域不仅是全球中间产品的重要供应地，也是全球最终产品的重要组装地；美洲和大洋洲经济体的相关指标值在三大区域中处于最低水平

---

① GVC前向参与度：一个经济体出口给贸易伙伴的境内增加值占该经济体总出口值的比重，可进一步拆分为简单GVC前向参与度和复杂GVC前向参与度。

② GVC后向参与度：一个经济体的出口中由贸易伙伴提供的增加值占该经济体总出口值的比重，可进一步拆分为简单GVC后向参与度和复杂GVC后向参与度。

（见图8.6至图8.11[①]）。亚洲经济体曾通过参与加工组装等劳动密集型环节加速融入全球价值链，但近年来随着劳动力成本上升、国内市场需求增加等，GVC前向与后向参与程度均有所下降。

展望未来，人工智能、物联网、大数据等新兴技术将为亚洲经济体提供新的发展机遇。一方面，通过加强研发投入、培育高科技产业和提高产品质量，亚洲经济体有望嵌入高附加值的全球价值链环节。另一方面，随着已生效的自由贸易协定的高质量实施，区域一体化进一步加强，也将为亚洲国家提供更广阔的市场和更多的合作机会。欧洲经济体在研发创新和工艺革新方面具备较强的综合实力，对生产组装等最终环节的控制能力持续提升，但该区域内部分经济体面临着产业结构转型、失业率上升等挑战，在未来发展中应更加注重加强互补合作、缓解两极分化。

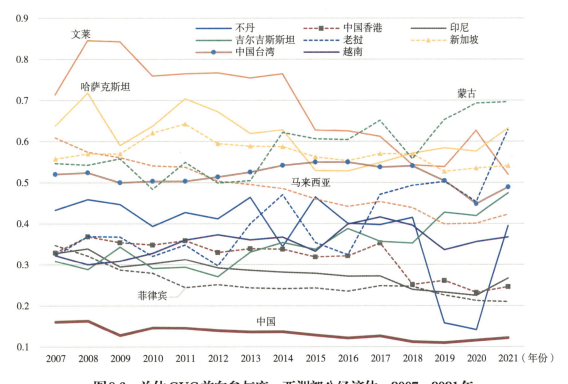

图8.6 总体GVC前向参与度：亚洲部分经济体，2007—2021年

---

① 图8.6至图8.11中各区域相应指标值排名前十的统计口径为：相应经济体的指标值在2007年或2021年位列区域内经济体降序前十。

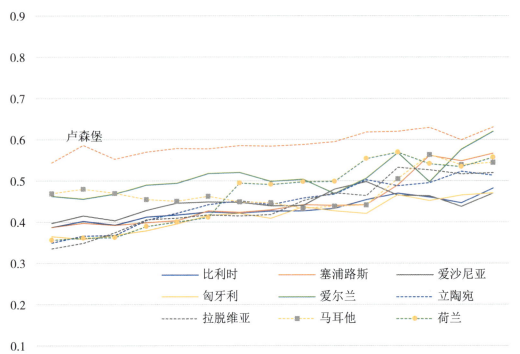

图8.7　总体GVC前向参与度：排名2021年欧洲前十的经济体，2007—2021年

图8.8　总体GVC前向参与度：美国等部分经济体，2007—2021年

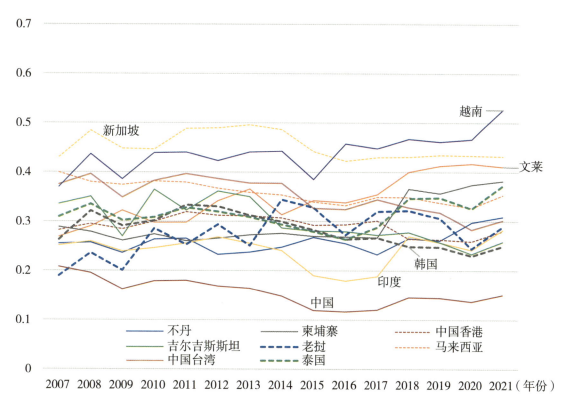

图8.9　总体GVC后向参与度：亚洲部分经济体，2007—2021年

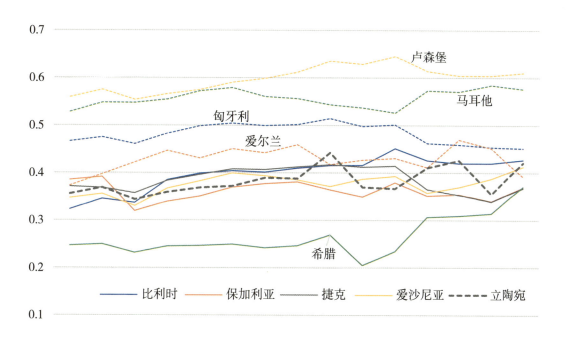

图8.10　总体GVC后向参与度：排名2021年欧洲前十的经济体，2007—2021年

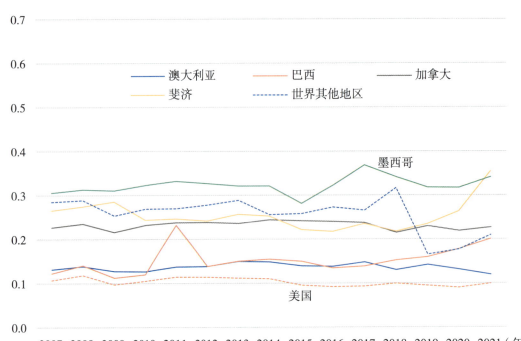

图8.11　总体GVC后向参与度：美国等部分经济体，2007—2021年

四　全球价值链视角下主要经济体的行业优势

　　显示性比较优势（RCA）[①]的测算评估，有助于经济体更好地参与全球价值链、开展国际分工合作。在全球价值链增加值核算体系下，表8.6展示了2007年和2021年35个细分行业RCA指数指标值排名前五的经济体。结果显示，发展中经济体依然在农、林、牧、渔业，纺织业，制鞋业，食品、饮料和烟草制造业，皮革、毛皮、羽毛及其制品和制鞋业等传统产业中表现突出，也有部分个体在高附加值产业中崭露头角；发达经济体在化学制造业、机械制造业、电气和光学设备制造业以及金融中介服务高附加值产业中保持领先地位。具体行业分析如下。

　　机械制造业：可为其他制造业提供生产支撑。德国、意大利、芬兰、捷克、奥地利等发达经济体在该行业表现出显著的比较优势。从供给角度看，这些经济体在工业革命以来就在机械制造领域积累了丰富的技术和经验。从需求角度

---

　　① 显示性比较优势指数（Revealed Comparative Advantage Index，RCA）：某个经济体的某行业出口额占其出口总值的份额与世界出口总额中该行业出口额所占份额的比值，用以反映某国某行业的比较优势。

看，全球经济发展带来的客观需求，促使这些经济体发挥规模经济效应，促进了相关产业的持续优化升级。

运输设备制造业：是重要的高附加值制造业，包括汽车、船舶、飞机、火车等多个子行业。日本、德国、捷克等发达经济体在该行业具有比较优势。除技术积累以外，这些国家的教育水平普遍较高，很多优秀的工程师和技术人才的涌现为这些国家在运输设备制造业领域中塑造自身的比较优势发挥了重要作用。

纺织业：柬埔寨、孟加拉国、斯里兰卡、巴基斯坦等发展中经济体在纺织业中具有显著的比较优势。这些经济体的劳动力成本相对较低，同时拥有丰富的棉花、丝绸、毛料等纺织原材料资源。

橡胶和塑料制造业：泰国和斯里兰卡先后占据了橡胶和塑料制造业比较优势的榜首，主要是因为其具有丰富的天然橡胶资源。泰国是世界第一大天然橡胶生产和出口国。同时，先进的栽培方法在橡胶生产中的有效应用与创新也是泰国在该行业具有显著比较优势的重要原因。

食品、饮料和烟草制造业：斯里兰卡、越南、印度尼西亚、菲律宾等发展中经济体在食品、饮料和烟草制造业中表现出显著的比较优势。这些发展中经济体能够在该行业中表现突出，是因为其拥有丰富的农产品资源，如水果、蔬菜、肉类和烟草等，这些国家的劳动力成本也相对较低。同时，这些国家的政府通常会采取一系列的扶持政策以促进相关行业发展。

皮革、毛皮、羽毛及其制品和制鞋业：该行业RCA指标的前五排名中，发展中经济体占据了半数以上。其原因在于这些经济体的劳动力成本相对较低，使其生产皮革、毛皮、羽毛及其制品和鞋类产品的生产成本更低。尤其是孟加拉国以其较低的劳动力成本以及优质的本土皮革资源，受到了许多鞋商的青睐，正成为享有盛誉的皮鞋出口大国。

金融中介服务业：卢森堡、中国香港以及英国等发达经济体在该行业显示出比较优势。这些经济体拥有优质的金融基础设施、良好的地理位置和贸易联系、成熟的市场制度和法律制度。

表8.6 GVC核算体系下各行业RCA值排名前五的经济体：2007年和2021年

年份 行业名称	2007年					2021年				
	排名第一	排名第二	排名第三	排名第四	排名第五	排名第一	排名第二	排名第三	排名第四	排名第五
1.农、林、牧、渔业	老挝	巴基斯坦	吉尔吉斯斯坦	越南	不丹	柬埔寨	巴基斯坦	老挝	巴西	越南
2.采矿业	文莱	蒙古国	挪威	哈萨克斯坦	澳大利亚	文莱	蒙古国	澳大利亚	哈萨克斯坦	俄罗斯
3.食品、饮料和烟草制造	越南	斯里兰卡	菲律宾	斐济	爱尔兰	斯里兰卡	越南	印尼	菲律宾	尼泊尔
4.纺织业	柬埔寨	孟加拉国	斯里兰卡	巴基斯坦	土耳其	孟加拉国	斯里兰卡	柬埔寨	巴基斯坦	越南
5.皮革、毛皮、羽毛及其制品和制鞋	越南	孟加拉国	葡萄牙	意大利	中国	越南	孟加拉国	葡萄牙	印尼	意大利
6.木材及木材软木制品	拉脱维亚	爱沙尼亚	立陶宛	老挝	罗马尼亚	拉脱维亚	爱沙尼亚	老挝	斐济	立陶宛
7.纸浆、造纸、印刷和出版	芬兰	芬兰	瑞典	美国	奥地利	爱尔兰	芬兰	瑞典	美国	捷克
8.焦炭、精炼石油和核燃料	文莱	印尼	俄罗斯	马来西亚	中国台湾	文莱	俄罗斯	爱尔兰	印度	马来西亚
9.化学原料和化学制品	爱尔兰	瑞士	比利时	斯洛文尼亚	新加坡	爱尔兰	瑞士	丹麦	比利时	韩国
10.橡胶和塑料制品制造	泰国	捷克	斯里兰卡	斯洛文尼亚	波兰	斯里兰卡	捷克	泰国	波兰	斯洛伐克
11.其他非金属矿产品	不丹	捷克	吉尔吉斯斯坦	爱沙尼亚	波兰	尼泊尔	葡萄牙	越南	捷克	波兰
12.基本金属和金属制品	泰国	吉尔吉斯斯坦	斯洛伐克	哈萨克斯坦	斯洛文尼亚	吉尔吉斯斯坦	哈萨克斯坦	土耳其	韩国	日本
13.机械制造	德国	意大利	芬兰	捷克	奥地利	芬兰	德国	意大利	奥地利	捷克
14.电气和光学设备	中国台湾	韩国	芬兰	菲律宾	日本	中国台湾	韩国	新加坡	日本	马来西亚
15.运输设备	日本	匈牙利	捷克	德国	韩国	捷克	墨西哥	德国	斯洛伐克	日本
16.制造业，其他未分类制造业以及回收再利用	斯里兰卡	立陶宛	中国	爱尔兰	越南	爱尔兰	立陶宛	土耳其	中国	意大利
17.供电、燃气和供水	不丹	老挝	菲律宾	保加利亚	中国	不丹	老挝	克罗地亚	越南	爱沙尼亚
18.建筑业	保加利亚	波兰	斯洛文尼亚	爱沙尼亚	塞浦路斯	立陶宛	荷兰	斯洛文尼亚	丹麦	卢森堡
19.汽车和摩托车的销售、维护和修理	土耳其	波兰	加拿大	马来西亚	老挝	斐济	波兰	加拿大	立陶宛	马来西亚

续表

年份 行业名称	2007年					2021年				
	排名第一	排名第二	排名第三	排名第四	排名第五	排名第一	排名第二	排名第三	排名第四	排名第五
20. 批发贸易和佣金贸易，不包括汽车	中国香港	新加坡	斯里兰卡	中国台湾	葡萄牙	中国香港	新加坡	瑞士	丹麦	日本
21. 零售贸易，不包括汽车和摩托车和修理	巴基斯坦	菲律宾	老挝	吉尔吉斯斯坦	印度	希腊	吉尔吉斯斯坦	克罗地亚	菲律宾	巴基斯坦
22. 住宿和餐饮	马尔代夫	斐济	尼泊尔	柬埔寨	罗马尼亚	马尔代夫	斐济	泰国	罗马尼亚	柬埔寨
23. 内陆运输	立陶宛	土耳其	吉尔吉斯斯坦	俄罗斯	尼泊尔	立陶宛	尼泊尔	罗马尼亚	不丹	拉脱维亚
24. 水路运输	希腊	塞浦路斯	挪威	新加坡	丹麦	希腊	丹麦	塞浦路斯	挪威	中国香港
25. 航空运输	斐济	中国香港	葡萄牙	马尔代夫	新加坡	马尔代夫	中国香港	葡萄牙	不丹	尼泊尔
26. 其他辅助运输活动；旅游业	斐济	马耳他	拉脱维亚	塞浦路斯	爱沙尼亚	斐济	塞浦路斯	爱沙尼亚	立陶宛	希腊
27. 邮政和电信	卢森堡	斐济	中国香港	孟加拉国	克罗地亚	尼泊尔	中国香港	孟加拉国	斐济	马尔代夫
28. 金融中介服务	卢森堡	中国香港	瑞士	爱尔兰	英国	卢森堡	中国香港	塞浦路斯	新加坡	英国
29. 房地产	希腊	中国香港	吉尔吉斯斯坦	菲律宾	马尔代夫	斯洛伐克	中国香港	希腊	卢森堡	意大利
30. 机器设备的租赁和其他商业活动	印度	英国	法国	荷兰	塞浦路斯	马耳他	印度	菲律宾	比利时	法国
31. 公共管理和国防；强制性社会保障	吉尔吉斯斯坦	塞浦路斯	美国	芬兰	柬埔寨	吉尔吉斯斯坦	塞浦路斯	荷兰	马尔代夫	孟加拉国
32. 教育	澳大利亚	巴基斯坦	荷兰	英国	瑞士	澳大利亚	马耳他	巴基斯坦	法国	英国
33. 卫生和社会工作	克罗地亚	巴基斯坦	加拿大	斐济	保加利亚	爱尔兰	斐济	克罗地亚	巴基斯坦	尼泊尔
34. 其他社区、社会和个人服务	马耳他	孟加拉国	印度	英国	美国	马耳他	罗马尼亚	孟加拉国	塞浦路斯	葡萄牙
35. 居民服务	克罗地亚	澳大利亚	越南	丹麦	美国	塞浦路斯	日本	澳大利亚	克罗地亚	丹麦

五　凝聚开放共识助推全球价值链更好发展

国别开放、区域开放、全球开放对全球价值链产生重要影响。**国别开放**是全球价值链持续发展的重要基础，各国通过制定贸易和投资便利化政策、优化营商环境等方式，积极主动参与国际分工体系和融入全球价值链。**区域开放**直接影响全球价值链发展走向，区域一体化有利于加速区域内部的贸易投资自由化，实现生产要素的流动互补。区域价值链是全球价值链的一部分，一定程度上有利于促进全球价值链发展，但如果区域间的价值链联系出现弱化，将对全球价值链产生不利影响。**全球开放**决定全球价值链发展水平，全球化进程中，经济体及区域之间广泛、普遍和包容的开放措施，有利于促进全球贸易与投资的跨境流动，加深全球产业分工与合作，促进技术创新和转移，降低生产成本，提高生产效率，促进全球价值链稳定有序发展。

全球价值链对推动世界经济增长具有重要作用，需要持续推进国别开放，加强区域协调合作，凝聚全球开放共识，合力推进全球价值链健康发展，共享经济全球化红利。

第九章

联合国2030年议程与"一带一路"倡议

联合国《2030年可持续发展议程》是指导全球发展合作的纲领性文件，与"一带一路"倡议高度契合。2023年是"一带一路"倡议提出十周年。十年来，中国已累计与150多个国家、30多个国际组织签署了200余份共建"一带一路"合作文件，聚焦政策沟通、设施联通、贸易畅通、资金融通和民心相通，丰富了全球发展合作实践内涵。"一带一路"已成为构建全球伙伴关系的团结之路、加强互联互通开放合作的共赢之路、促进全球可持续发展的希望之路，是当今世界范围最广、规模最大的开放性国际合作平台。

一 "一带一路"倡议为联合国2030年议程贡献中国方案

联合国2030年议程包括17项可持续发展目标和169项具体目标。① 自2015年

① 17个可持续发展目标具体包括：目标1，在全世界消除一切形式的贫困；目标2，消除饥饿，实现粮食安全，改善营养状况和促进可持续农业；目标3，确保健康的生活方式，促进各年龄段人群的福祉；目标4，确保包容和公平的优质教育，让全民终身享有学习机会；目标5，实现性别平等，增强所有妇女和女童的权能；目标6，为所有人提供水和环境卫生并对其进行可持续管理；目标7，确保人人获得负担得起的、可靠和可持续的现代能源；目标8，促进持久、包容和可持续的经济增长，促进充分的生产性就业和人人获得体面工作；目标9，建造具备抵御灾害能力的基础设施，促进具有包容性的可持续工业化，推动创新；目标10，减少国家内部和国家之间的不平等；目标11，建设包容、安全、有抵御灾害能力和可持续的城市和人类住区；目标12，采用可持续的消费和生产模式；目标13，采取紧急行动应对气候变化及其影响；目标14，保护和可持续利用海洋和海洋资源以促进可持续发展；目标15，保护、恢复和促进可持续利用陆地生态系统，可持续管理森林，防治荒漠化，制止和扭转土地退化，遏制生物多样性的丧失；目标16，创建和平、包容的社会以促进可持续发展，让所有人都能诉诸司法，在各级建立有效、负责和包容的机构；目标17，加强执行手段，重振可持续发展全球伙伴关系。

提出以来，进程已经过半，取得了一定进展，但当前形势不稳定性、不确定性明显增加，全球发展赤字更加突出，如期实现17个可持续发展目标前景不容乐观。[①]联合国开发计划署发布的《2021/2022年人类发展报告》指出，人类发展指数首次出现连续两年下降，倒退至2016年水平。[②]2023年7月，联合国发布《2023年可持续发展目标报告：特别版》指出，140个子目标仅有12%取得重要进展，30%没有进展甚至倒退。[③]如果当前趋势持续，到2030年，将有高达5.75亿人陷入极端贫困。

在此背景下，"一带一路"倡议作为中国为世界提供的重要国际公共产品，在落实联合国2030年议程方面具有更加突出的时代意义。

（一）为可持续发展注入确定性力量

共建"一带一路"是实现可持续发展的务实行动。"一带一路"倡议增加国际公共产品供给，引导更多资源支持发展中国家经济社会可持续发展、破除发展瓶颈，与联合国2030年议程宗旨一致、理念相通、路径相同，相互成就、相得益彰。在2017年和2019年两届"一带一路"国际合作高峰论坛上，习近平主席宣布一系列合作举措，涉及经贸合作、科技、金融、粮食安全和农业、教育、医疗卫生、气候变化、减灾、水资源、能力建设、人文交流等众多领域。这些重大举措同联合国《2030年可持续发展议程》有效对接，形成了促进全球共同发展的政策合力，为可持续发展注入更多确定性力量。

---

① 《联合国秘书长古特雷斯：我们正与可持续发展目标渐行渐远》，联合国网站，2021年7月13日，https://news.un.org/zh/story/2021/07/1087892。

② 联合国开发计划署：《2021/2022年人类发展报告》，2023年5月30日，https://hdr.undp.org/system/files/documents/global-report-document/hdr2021-22overviewchpdf.pdf。

③ 联合国经济及社会理事会：《实现可持续发展目标进展情况：制定拯救人类和地球的计划》，《秘书长的报告（特别版）》，2023年4月27日，https://unstats.un.org/sdgs/files/report/2023/secretary-general-sdg-report-2023-ZN.pdf。

专栏9-1　中国在两届"一带一路"高峰论坛上宣布的部分务实合作举措

金融方面：中国将加大对"一带一路"建设资金支持，向丝路基金新增资金1000亿元人民币，鼓励金融机构开展人民币海外基金业务，规模预计约3000亿元人民币。中国国家开发银行、中国进出口银行将分别提供2500亿元和1300亿元等值人民币专项贷款，用于支持"一带一路"基础设施建设、产能、金融合作。中国还将同亚洲基础设施投资银行、金砖国家新开发银行、世界银行及其他多边开发机构合作支持"一带一路"项目，同有关各方共同制定"一带一路"融资指导原则。继续发挥共建"一带一路"专项贷款、丝路基金、各类专项投资基金的作用，发展丝路主题债券，支持多边开发融资合作中心有效运作。中国欢迎多边和各国金融机构参与共建"一带一路"投融资，鼓励开展第三方市场合作，通过多方参与实现共同受益的目标。

贸易投资方面：中国将积极同"一带一路"建设参与国发展互利共赢的经贸伙伴关系，促进同各相关国家贸易和投资便利化，建设"一带一路"自由贸易网络，助力地区和世界经济增长。第一届论坛期间，中国同30多个国家签署经贸合作协议，同有关国家协商自由贸易协定。同更多国家商签高标准自由贸易协定，加强海关、税收、审计监管等领域合作，建立共建"一带一路"税收征管合作机制，加快推广"经认证的经营者"国际互认合作。

人文交流方面：中国愿同各国加强创新合作，启动"一带一路"科技创新行动计划，开展科技人文交流、共建联合实验室、科技园区合作、技术转移四项行动。中国将在未来5年内[①]安排2500人次青年科学家来华从事短期科研工作，培训5000人次科学技术和管理人员，投入运行50家联合实验室。继续实施共建"一带一路"科技创新行动计划，同各方一道推进科技人文交流、共建联合实验室、科技园区合作、技术转移四大举措。中国还将支持各

---

① 2017—2022年。

国企业合作推进信息通信基础设施建设，提升网络互联互通水平。中国将设立"一带一路"国际合作高峰论坛后续联络机制，成立"一带一路"财经发展研究中心、"一带一路"建设促进中心，同多边开发银行共同设立多边开发融资合作中心，同国际货币基金组织合作建立能力建设中心。中国将建设丝绸之路沿线民间组织合作网络，打造新闻合作联盟、音乐教育联盟以及其他人文合作新平台。未来5年，中国将邀请共建"一带一路"国家的政党、智库、民间组织等1万名代表来华交流。中国将与共建国家社会组织联合开展一系列环保、反腐败等领域培训项目，深化各领域人力资源开发合作。中国将持续实施"丝绸之路"中国政府奖学金项目，举办"一带一路"青年创意与遗产论坛、青年学生"汉语桥"夏令营等活动。

绿色发展方面： 中国将设立生态环保大数据服务平台，倡议建立"一带一路"绿色发展国际联盟，并为相关国家应对气候变化提供援助。中国继续实施绿色丝路使者计划，并同有关国家一道，实施"一带一路"应对气候变化南南合作计划。中国还将深化农业、卫生、减灾、水资源等领域合作，同联合国在发展领域加强合作，努力缩小发展差距。

民生方面： 中国将在未来3年①向共建"一带一路"的发展中国家和国际组织提供600亿元人民币援助，建设更多民生项目。中国将向"一带一路"沿线发展中国家提供20亿元人民币紧急粮食援助，向南南合作援助基金增资10亿美元，在共建国家实施100个"幸福家园"、100个"爱心助困"、100个"康复助医"项目。中国将向有关国际组织提供10亿美元落实一批惠及共建国家的合作项目。

为共建国家带来切实利益。 十年来，在共建"一带一路"国家推进了3000多个互联互通、社会民生等合作项目，拉动近一万亿美元投资规模，帮助近4000万人摆脱贫困。澳大利亚学者指出，"一带一路"项目为共建国家和地区提

---

① 2017—2020年。

供就业、出口、税收和技术，培养了大量技术人员，促进了经贸往来。[①]波士顿大学研究报告指出，共建"一带一路"国家在不同程度上获得了可观的投资、贷款和基础设施，并从中国获得宝贵的发展经验。[②]

活力和韧性举世瞩目。面对新冠疫情冲击，"一带一路"倡议项下合作没有按下"暂停键"。健康丝路、绿色丝路、数字丝路建设方兴未艾；共建"一带一路"国家间的货物贸易和非金融类直接投资持续增长；数字交通走廊、跨境光缆信息通道和信息港建设积极推进。哈萨克斯坦国际通信社发表评论文章指出，"一带一路"作为全球性倡议是一个稳定、可持续、可应对疫情负面影响的经济合作机制。[③]

国际社会高度认可。联合国秘书长古特雷斯表示，共建"一带一路"是促进落实联合国 2030 年议程的重要机会，这不仅能共享发展机遇，助力发展中国家减少贫困，还助推环境建设与社会稳定发展，从而促进可持续发展目标的实现。[④]英国东亚问题专家认为，"一带一路"倡议因中国投资不附加任何政治条件而广受欢迎。[⑤]瑞典学者表示，"一带一路"倡议具有全球性影响和时代性意义，为消除贫困、推动可持续发展、促进国际和平合作铺平了道路，有利于实现全球共同发展。[⑥]哈萨克斯坦总统托卡耶夫称赞，"一带一路"是建设大陆战

① 张红：《"一带一路"是正确之路、未来之路》，《人民日报（海外版）》2021 年 11 月 23 日第 10 版，http://paper.people.com.cn/rmrbhwb/html/2021-11/23/content_25890063.htm。

② The Boston University Global Development Policy Center, "Ten Years of the Belt and Road: Reflections and Recent Trends", September 6, 2022, https://www.bu.edu/gdp/2022/09/06/ten-years-of-the-belt-and-road-reflections-and-recent-trends/.

③ Мәметқазыұлы, Қанат, "Жаңа әлемдік ахуал жағдайында өңірдегі мүмкіндіктердің бәрі қарастырылуы тиіс", May 18, 2020, https://www.inform.kz/kz/zhana-alemdik-ahual-zhagdayynda-onirdegi-mumkindikterdin-bari-karastyryluy-tiis_a3695818.

④ 李晓宏、杨俊：《联合国秘书长："一带一路"为世界带来重要机遇》，人民网–国际频道，2019 年 4 月 26 日，http://world.people.com.cn/n1/2019/0426/c1002-31051132.html。

⑤ Fowdy, T., "The Latest BRI 'Alternative' Won't Work, Here's Why", July 8, 2022, https://www.yicaiglobal.com/opinion/tom.fowdy/the-latest-bri-alternative-will-not-work-here-why.

⑥ 辛俭强：《"一带一路"倡议助力全球共同发展行稳致远——访瑞典"一带一路"研究所副所长阿斯卡里》，新华网，2023 年 6 月 6 日，http://www.news.cn/world/2023-06/06/c_1129672853.htm。

略互联互通的非凡倡议。①

（二）塑造国际发展合作新范式

践行共商、共建、共享的全球治理观。"一带一路"倡议坚持共商、共建、共享精神，积极同发展中国家的战略规划和优先事项对接，以互联互通为抓手，寻找利益共同点和合作同心圆，为发展中国家更好地参与全球治理和融入全球价值链提供新机遇，推动形成平等互利的新型发展合作关系，为全球发展提供新路径与合作范式。

秉持高标准、可持续、惠民生目标。一是国际化和本土化双向发力，引入各方普遍支持的规则标准，推动项目建设、运营、采购、招投标等环节按照普遍接受的国际规则标准进行，同时尊重各国法律法规，扎根当地、深耕本土。二是经济、社会、环境协调发展，注重项目建设与当地社会和环境的相互适应性，统筹经济增长、社会发展、环境保护，确保商业和财政上的可持续性。三是注重以民为本，聚焦消除贫困、增加就业、改善民生，实施更多"小而美、见效快、惠民生"的项目，让"一带一路"成果更好地惠及各国人民。

（三）丰富全球发展合作伙伴关系

探索南南合作新路径。中国设立全球发展和南南合作基金、中国－联合国和平与发展基金，丰富多元融资模式。截至2023年6月，中国与联合国开发计划署、联合国儿童基金会、联合国难民署、世界卫生组织等国际组织合作，在亚非拉50多个发展中国家实施了130多个项目，惠及2000多万民众。同时，依托金砖＋、上合组织、澜—湄等合作机制，开展了卓有成效的南南合作。"一带一路"倡议作为共享型的南南合作模式，支持国际组织、多边机构、企业和私营部门、非政府组织等多元主体发挥比较优势，参与南南合作，拓展合作空间，成为新南南合作的典范。

---

① Seilkhanov, A., "Tokayev Hails China's Belt and Road As Remarkable Initiative on Building Continental Strategic Connectivity", May 24, 2023, Kazinfom,https://www.inform.kz/en/tokayev-hails-china-s-belt-and-road-as-remarkable-initiative-on-building-continental-strategic-connectivity_a4071088.

促进高水平区域合作。"一带一路"倡议与《东盟互联互通总体规划2025》、非盟《2063年议程》、欧盟"欧亚互联互通战略"等区域发展规划或合作倡议有效对接，达成促进互联互通、支持区域经济一体化进程的共识。中老铁路与泰国铁路网实现联通，打造出一条辐射缅甸、泰国、柬埔寨、越南等国的经济带；雅万高铁、马来西亚东海岸铁路等项目稳步推进；大湄公河区域铁路联盟正式成立；中欧班列与西部陆海新通道班列互联互通。以上合作举措均有效落实了《中国－东盟关于"一带一路"倡议同〈东盟互联互通总体规划2025〉对接合作的联合声明》。"一带一路"倡议丰富了共建国家区域合作的方案，推动更大范围、更高水平、更深层次的区域合作。

积极拓展三方合作。中国已同法国、日本、意大利、英国等国签署了第三方市场合作文件，同美国、英国、澳大利亚、新西兰等国围绕农业、卫生等民生领域实施了三方合作项目。例如，与美国对非洲国家卫生官员开展联合培训，并携手支持非洲国家抗击埃博拉疫情；与英国在乌干达、马拉维分别实施木薯和罗非鱼产业链合作试点项目；与澳大利亚在巴布亚新几内亚合作开展疟疾防控项目，帮助巴布亚新几内亚建立省级疟疾实验室网络，强化了常规疟疾诊断和监测能力。各方在合作中互学互鉴、博采众长，增进理解和互信，打造以效果最大化为导向的合作机制和更具包容性的全球治理模式。

二　"一带一路"倡议助力实现 2030 年议程目标

"一带一路"倡议围绕政策沟通、设施联通、贸易畅通、资金融通和民心相通谋篇布局，在基础设施、数字通信、能源电力、社会民生、减贫惠民、公共治理、气候变化等领域实施了大批发展项目，为国际贸易投资搭建新平台，为增进各国民生福祉作出新贡献，为加快落实 2030 年议程发挥了重要作用。

（一）推进互联互通

提升联通水平。共建"一带一路"国家在基础设施方面的需求巨大。亚洲开发银行估算，2016—2030年，亚洲发展中国家需要26万亿美元基础设施投资。① 截至2022年9月，以共建"一带一路"为合作平台，中国已与19个国家签署22项国际道路运输便利化协定；已与66个国家和地区签署70个双边和区域海运协定，海运服务覆盖沿线所有沿海国家；已与100个国家签订双边政府间航空运输协定。"六廊六路多国多港"的互联互通架构逐步形成，中欧班列、中老铁路、陆海新通道等大通道，为共建国家间的经贸往来注入新动能。以中欧班列为例，截至2023年6月累计开行超过7.4万列、运货近700万标箱，通达欧洲25个国家216个城市。基础设施是互联互通的基石，建设高质量、可持续、抗风险、价格合理、包容可及的基础设施有利于各国发挥资源禀赋优势，促进融入全球产业链、供应链和价值链。

专栏9-2　丝路海运

　　2018年12月，"丝路海运"从厦门港启航，一个全新的"一带一路"海上综合物流服务品牌，从无到有，从有到优。截至2023年4月，以"丝路海运"命名的航线总数达100条，通达全球43个国家的117座港口。中国支持建设的斯里兰卡汉班托塔港、毛里塔尼亚友谊港扩建等项目，提高了港口吞吐能力，成为21世纪海上丝绸之路的重要贸易物流节点。中国还支持埃塞俄比亚、赞比亚、津巴布韦、多哥、圭亚那、安提瓜和巴布达、萨摩亚等国机场升级改造，提高运营能力和安全性，促进当地旅游业发展。

促进数字联通。在肯尼亚，中国支持建设的国家光纤骨干网项目推动当地信息通信产业跨越式发展；在孟加拉国，政府技术网络三期项目将网络延伸至最基层的2600多个行政单元，覆盖全国62%的地区和人口，将"信息高速公路"从首都铺至全国各地，惠及约1亿民众。中国支持共建国家建设信息高速互联互通路网，为当地发展数字经济、建设信息社会创造条件，缩小数字鸿沟、促进

---

① Asian Development Bank, *Meeting Asia's Infrastructure Needs*, Manila, 2017, https://www.adb.org/sites/default/files/publication/227496/special-report-infrastructure.pdf.

数字联通，使数字经济成果普惠于民。

专栏9-3 丝路电商

　　"丝路电商"是为了推进"一带一路"经贸合作打造的国际合作新平台。近年来，"丝路电商"朋友圈不断扩大，展现出强劲活力和强大韧劲，迎来新的发展契机。目前，"丝路电商"的合作伙伴遍及五大洲，成为经贸合作新渠道和新亮点。中国已与20多个国家签署电子商务合作备忘录并建立双边电子商务合作机制，共同开展政策沟通、规划对接、产业促进、地方合作、能力建设等多层次多领域的合作。卢旺达的咖啡和辣椒通过电商平台进入中国，冰岛的在线零售大幅增长，成千上万"一带一路"沿线企业通过电子商务合作优化产品和服务……如今，"丝路电商"建设的丰硕成果正在不断显现。

　　"丝路电商"为"一带一路"高质量发展带来积极作用，促进共建"一带一路"国家间的商品贸易，带动共建"一带一路"国家物流、支付、数字、信息等多业态创新发展，推动"一带一路"贸易网络化、数字化和便利化。

　　加强资金融通。中国不断加大对"一带一路"建设和双多边互联互通投融资的支持。在各方共同努力下，亚洲基础设施投资银行（简称"亚投行"）等多边金融合作机构相继成立。截至2023年1月，亚投行成员数由启动运营时的57个增至106个，覆盖六大洲，仅次于世界银行；已累计批准全球33个国家的202个项目，融资总额超过388亿美元，带动资本近1300亿美元，助力基础设施建设、推动当地经济社会发展、改善人民生活。资金融通作为共建"一带一路"的重要支撑，在降低资金流通成本、抵御金融风险、提高地区经济国际竞争力等方面发挥了重要作用。

　　推进贸易畅通。截至2023年6月，中国已累计与新加坡、韩国、欧盟等26个经济体、52个国家（地区）签署"经认证的经营者"（AEO）①互认协议。互

---

　　① AEO是Authorized Economic Operator的简称，是世界各国海关对高信用企业的统称，中文译名为"经认证的经营者"。

认协议签署数量和互认国家（地区）数量居全球"双第一"，其中包括32个共建"一带一路"国家。2013年以来，中国向孟加拉国、蒙古国、吉布提、圭亚那、瓦努阿图等国援助了海关集装箱检测设备，帮助相关国家改善贸易条件。中国举办与贸易发展相关的专题研修班，为加强贸易领域标准和技术对接搭建交流平台。2013—2022年，中国与共建"一带一路"国家货物贸易额从1.6万亿美元扩大至2.9万亿美元，年均增长6.4%。世界银行报告[①]认为，从2013年到2030年，"一带一路"倡议将使全球贸易额增加1.7%—6.2%，共建国家贸易额增加2.8%—9.7%，全球实际收入增加0.7%—2.9%，共建国家实际收入增加1.2%—3.4%，并有力促进全球经济增长。贸易畅通作为共建"一带一路"的着力点，有效推动各国经济持续发展。

（二）聚焦民生减贫

助力减贫扶贫。2021年中国实现现行标准下9899万农村贫困人口全部脱贫，为共建"一带一路"国家分享减贫实践中探索形成的宝贵经验。中国务实推动"东亚减贫合作倡议"，2014年提供1亿元人民币资金，专项用于建立东亚减贫合作示范点，开展乡村减贫推进计划。同时，开展中非减贫惠民合作计划。中国积极举办各类研修项目，参与联合国工业发展组织等举办的研讨会，同发展中国家分享精准减贫的发展理念和实践经验。十年来，中国积极参与全球贫困治理，开展国际减贫合作，履行国际减贫责任，将"一带一路"打造为减贫之路、增长之路，让各国共享发展成果。

专栏9-4　东亚减贫示范合作技术援助项目

为更好地帮助共建"一带一路"国家农村地区加快减贫进程，中国探索在一些地区实施国际减贫合作。中国在老挝、柬埔寨、缅甸三国乡村基层社区实施"东亚减贫示范合作技术援助项目"。该项目是中国实施的第一个综合

---

① 世界银行：《"一带一路"经济学：交通走廊的机遇与风险》。世界银行：华盛顿特区。2019年版，第5页。

性村级减贫示范项目，于 2017 年 3 月启动，以中国扶贫开发"整村推进"的工作经验为基础，为 6 个示范村新建饮水、桥梁、道路、电力等基础设施和公共服务设施，组织种植、养殖技术示范，多渠道增加村民收入，提升示范村自主发展能力。6 个项目村 2900 余户群众从中受益。柬埔寨农村发展部大臣乌拉本高度评价中国为东盟国家社会发展和减贫所作出的贡献，认为中国的经验为东盟国家社会发展和减贫提供了有益借鉴。

支持农业发展。 中国以杂交水稻、菌草为重点，形成农业援助核心技术品牌，因地制宜地帮助发展中国家加快农业发展；派遣农业技术专家，将良种繁育、试验试种与示范种植、技术推广结合起来，填补当地农业技术空白；帮助吉尔吉斯斯坦、乍得、尼日尔、斐济等国建设了农业灌溉系统项目，并提供农用机械设备和物资；帮助东帝汶、赞比亚、古巴、佛得角等国建设粮仓和粮食加工厂、玉米粉加工厂、猪牛屠宰厂等。以上举措帮助相关共建"一带一路"国家完善农业产业链，提升农业生产能力，促进农业可持续发展。

专栏9-5　援巴布亚新几内亚菌草旱稻项目

为帮助共建"一带一路"国家农村地区加快减贫进程，中国探索在一些地区实施菌草技术合作，推广菌草项目。2001 年中国首个援外菌草技术示范基地在巴布亚新几内亚建成落地，至今这一技术已推广至全球一百多个国家。

中国政府在巴布亚新几内亚东高地省开展菌草和旱稻技术援助项目，有效增加了当地农户的收入，提升了当地农业可持续发展能力，菌草菇、旱稻同咖啡一道并列该省的农业三大支柱产业。巴布亚新几内亚总理詹姆斯·马拉佩称，菌草技术为巴布亚新几内亚和其他发展中国家开辟了一条新的可持续发展之路，菌草项目是中国脱贫攻坚伟大成就的缩影，也是中国送给世界的礼物。

改进公共卫生。 一是提升基础能力，支持共建"一带一路"国家建设医院、诊所等卫生基础设施，提供医用设备器械、药品及医用耗材。2023 年 1 月，中国援非盟非洲疾病预防控制中心总部项目正式竣工，有效提升非洲疾病预防、监测和疫情应急反应速度。二是增强服务力量，累计向非洲、亚洲、美洲、欧洲和大洋洲的76个国家和地区派遣援外医疗队员3万人次，诊治患者2.9亿人次；在斯里兰卡、苏丹、喀麦隆等国开展白内障手术"光明行"、唇腭裂手术"微笑行"、心脏病手术"爱心行"等短期医疗服务；与中东欧国家、东盟国家开展传统医药合作，在多个领域取得了突破性和示范性成果。三是协力抗击疫情等公共卫生危机。新冠疫情全球蔓延期间，中国开展了紧急人道主义救援行动，向150多个国家提供了抗疫物资、技术援助、疫苗援助等。这些举措有效提升了共建国家的医疗服务水平，增强了公共卫生体系和能力建设，增强了共建国家的获得感。

改善教育条件。教育是阻断贫困代际传递的关键。中国帮助共建"一带一路"国家建设了一批大中小和职业学校等教育基础设施，提供计算机、实验室设备、文体用品等教学物资；提供技术合作等软援助，助力共建国家发展现代化教育；向苏丹恩图曼职业培训中心派遣十余名专家，指导学校教学和运营管理，对教师及管理人员进行培训，为苏丹建设全国职业教育师资培养基地提供帮助。这些举措为共建国家改善教学条件，培养师资力量，创造更多优质、公平的教育机会，有效促进了共建国家的教育均衡与可持续发展。

专栏9-6　援南苏丹教育技术援助项目

援南苏丹教育技术援助项目是中国首个综合性教育援助项目。南苏丹于2011年7月9日建国，是目前世界上最年轻的国家，教育是被列为仅次于国防的重点发展领域。在此背景下，2017年1月中国援南苏丹教育技术援助一期项目正式启动。项目结合南苏丹国情特点和教育现状，从顶层教育规划、教材开发、教师培训、ICT教师培训中心建设、教材印刷5个模块切入。目前各项成果正式投入使用，近15万名南苏丹师生从中受益，为该项目专门开发印制的129万册南苏丹小学一年级数学、英语、科学教材，已经走进该国小学课堂；200名在华完成教学培训的南苏丹教师活跃在教学岗位上；由中方搭建的ICT培训中心，成为广受南苏丹教师喜爱的数字化平台窗口。

2021年12月6日，援南苏丹教育技术援助二期项目启动。二期项目在南苏丹教材体系建设、教育人员培训、双方文化交流等多方面展开，为南苏丹带去中国先进的教育理念和宝贵经验，与南苏丹教育创新发展相融合，为南苏丹制定中小学新课纲等教育规划提供有力支持，针对教师和教育管理者的能力建设培训将有助于他们更好地从事国民教育。

完善公益设施。支持共建"一带一路"国家建设社会住房、乡村供水等公益基础设施，帮助白俄罗斯6省1市建设社会保障住房，一批孤儿、多子家庭、残疾人等弱势贫困人群受惠；帮助蒙古国建设残疾儿童发展中心，提供现代化、功能齐全的残疾儿童治疗康复场所；支持柬埔寨、老挝、阿尔及利亚等共建国家建设体育、文化、艺术等基础设施项目。这些举措有效改善了共建国家的公益设施，有力支持了当地民众开展社会公共活动。

（三）共享发展经验

加强沟通协调。"一带一路"倡议同联合国、东盟、非盟、欧盟、欧亚经济联盟等国际和地区组织的发展规划积极对接，并通过双多边合作机制开展能力建设合作，为联动发展凝聚共识。中国围绕共建"一带一路"相关主题，累计为共建国家举办了4000余期官员研修项目。包括柬埔寨国家路网规划、孟加拉国防洪规划、巴基斯坦瓜达尔市整体规划、中缅经济走廊规划、中白（俄罗斯）工业园政策等十余项规划类项目。以上合作举措有效增进了共建"一带一路"国家对中国政策和措施的了解和理解，提升了参训官员参与规划与政策制定的视野和能力，支持各国探寻符合本国国情的可持续发展道路。

注重"授人以渔"。中国与其他发展中国家分享治国理政、产业创新升级、生态环境治理、精准扶贫脱贫等方面的发展经验，并通过双多边合作机制开展能力建设。支持共建"一带一路"国家培养绿色发展人才，通过"绿色丝路使者计划"，积极帮助共建国家加强绿色人才培养。截至2023年1月，该计划已为120多个共建国家培训3000人次。中国致力于与共建国家分享发展经验，帮助培养人才、提升治理能力，助推2030年可持续发展目标的实现。

专栏9-7　南南合作与发展学院

2015年9月，习近平主席在联合国南南合作圆桌会上宣布设立南南合作与发展学院。该学院由北京大学国家发展研究院承办，开设国家发展专业硕士和博士项目，通过驻外使领馆遴选招生。目前已招收来自60多个国家的200多名硕士、博士研究生。

南南学院系统总结提炼中国在经济发展、国家治理等方面的经验，帮助发展中国家培养政府管理高端人才，为推动广大发展中国家实现国家治理体系和治理能力的现代化提供人才支撑。这是援外人力资源合作向高端化、精英化方向发展的成果，体现了中国进一步分享国家治理经验的愿望和决心，也为发展中国家进一步提升自主发展能力提供了重要国际公共产品。2017年，南南学院首届26名硕士生毕业后，习近平主席专门回信，祝贺他们完成学业，希望他们学以致用，成为各自国家改革发展的领导者，成为全球南南合作的践行者，促进广大发展中国家共同走上发展繁荣之路。[①]

（四）应对全球挑战

应对重大自然灾害。 人道主义援助是重要的国际公共产品，是实现长期可持续发展的重要措施。在其他国家遭遇地震、飓风、泥石流、洪涝、干旱等自然灾害时，中国根据受灾国实际情况和救灾需求，捐赠帐篷、清洁水、粮食、便携发电设备等救灾物资，派出搜救和医护人员，提供紧急援助。2022年以来，中国就汤加火山爆发、巴基斯坦洪灾、土耳其叙利亚地震等相继开展了紧急人道主义援助，在第一时间启动援助机制，派出中国救援队，向灾区运送救灾物

---

① 习近平：《习近平给南南合作与发展学院首届硕士毕业生回信》，《人民日报》2017年10月19日，第二版。

资，并加强国际协调，与各方共促可持续发展。

专栏9-8　中国对土耳其、叙利亚开展紧急人道主义救援

2023年2月6日，土耳其、叙利亚遭遇百年来最严重的强烈地震。中国政府在第一时间启动紧急人道主义援助机制，派出中国救援队参与救援，向灾区运送抗震救灾物资。2月8日，中国政府宣布向土耳其提供紧急援助共计4000万元人民币，其中包括重型城市救援队、医疗队和一系列急需的救灾物资。中国救援队自2月8日到达灾区后，根据土方提出的范围，在受灾最严重之一的哈塔伊省执行搜救任务，累计共派出救援人员21个批次、308人次，共营救被困人员6人，搜寻遇难者11人。同时，中国宣布向叙利亚提供紧急援助共3000万元人民币，包括200万美元现汇援助及其他救援物资。2月15日，中国政府援助叙利亚紧急人道主义物资运抵大马士革，援助物资总重80吨。该批物资包括约3万个急救包、1万件棉服、300顶棉帐篷、2万条毛毯、7万片成人拉拉裤以及呼吸机、麻醉机、制氧机、LED手术无影灯等应急医疗设备和物资。

应对全球气候变化。为积极应对气候变化，中国积极同共建各国一道打造"绿色丝绸之路"，与各方共建"一带一路"可持续城市联盟，制定《"一带一路"绿色投资原则》，启动共建"一带一路"生态环保大数据服务平台，实施绿色丝路使者计划、"一带一路"应对气候变化南南合作计划等。近年来，中国已实施应对气候变化合作项目200多个，主要有减缓气候变化类项目和适应气候变化类项目两类，如巴基斯坦国会大厦太阳能供电项目、埃塞俄比亚亚的斯亚贝巴河岸绿色发展项目等；组织开展了80余期气候变化主题研修班，培训近2000名相关人才，帮助发展中国家提升气候治理能力。

保护生物多样性。生物多样性保护是全球关注的核心生态环境问题之一，也是"一带一路"交通等基础设施项目中的核心建设理念之一。如建设蒙内铁路时，全线设置14处大型动物通道、61座桥梁和600多处涵洞，以保障动物自由迁徙；向柬埔寨、坦桑尼亚、肯尼亚、埃塞俄比亚、赞比亚等国提供野生动物保护物资，有效提高了相关国家打击盗猎和非法野生动物制品交易的装备水平。同时，积极开展生物多样性保护国际合作，启动"一带一路"绿色供应链平台，成立"一带一路"绿色发展国际联盟，宣布成立昆明生物多样性基金，与多个国家建立合作与对话机制。

三 "一带一路"倡议推动2030年议程行稳致远

展望未来，"一带一路"倡议将充分考虑共建国家的优先发展诉求，继续丰富国际公共产品供给，有力推进全球可持续发展进程，为实现2030年议程作出更大贡献。

（一）进一步提升发展效能

更加重视发展合作的普惠性。据世界银行估算，"一带一路"基础设施项目投资可使全球760万人摆脱极端贫困，3200万人摆脱中度贫困。"一带一路"倡议将坚持高标准、可持续、惠民生的发展目标，实施更多"小而美、见效快、惠民生"的项目，深入覆盖更多发展中国家民众，特别关注发展中国家脆弱人群和弱势群体。

更加关注发展合作的可持续性。"一带一路"倡议将更加重视项目的环境生态、社会影响，让发展项目久久为功，持续发挥作用。帮助提升共建国家应对债务风险能力，通过统筹发展和安全，防范系统性金融风险，用好《"一带一路"债务可持续性分析框架》，为共建"一带一路"融资合作提供指南。同时，加强对共建国家"软援助"智力支持，通过培养共建国家本土人才力量，助力其实现有后劲、有韧性的可持续发展。

更加突出发展合作的开放性。"一带一路"倡议将进一步发挥不同主体的机构优势，通过全球发展和南南合作基金、中国－联合国和平与发展基金、在多边机构设立专项基金、同相关利益方开展三方合作等创新方式，形成更具活力的全球发展伙伴关系。同时，调动私营机构、非政府组织、民间社会组织等主体参与发展合作的主动性，激发各级市场主体活力，提高可持续发展的实效。

（二）进一步聚焦重点领域

加快建设"数字丝绸之路"。将更加注重推进智能制造产业发展，通过新一代信息通信技术与先进制造技术深度融合，构建数字合作平台，缩小数字鸿沟，使数字经济成果普惠于民，推动共建国家的可持续发展进程。

加快建设"绿色丝绸之路"。绿色丝绸之路建设是推动全球绿色低碳转型、落实联合国《2030 年可持续发展议程》的中国方案。未来，中国将继续加强绿色基建、绿色能源、绿色金融等领域合作，完善"一带一路"绿色发展国际联盟等多边合作平台，落实"一带一路"绿色投资原则，坚持高环境标准的引导，加快与国际通行规则标准的衔接融合，切实为共建国家提供更多高标准的项目成果，持续推进"一带一路"生态环保国际合作，持续造福参与共建的各国人民。

加快建设"健康丝绸之路"。推进全球卫生事业，是落实《2030 年可持续发展议程》的重要组成部分。未来，"一带一路"倡议将继续分享中国解决公共卫生事件的成功经验，全面提升中医药参与共建"一带一路"的质量与水平，提升共建国家的卫生健康水平，助力构建人类卫生健康共同体。

（三）进一步探索模式创新

方案创新。中国作为南南合作的发展中国家，将充分利用发达国家开展援助所不具备的比较优势，有效挖掘中国拥有受援和援助的双重经验，系统总结中国接受援助经验，特别是中国利用外国对华援助资源服务国家总体战略和不同行业发展的最佳实践，为深化南南合作提供范式参考和经验借鉴。

融资创新。将"有为政府"和"有效市场"有机融合，加强官方和私营部门间的政策互动和协同配合，使官方资金在更大范畴的发展筹资体系中发挥政策引导和杠杆撬动作用，发挥找项目、补短板、引方向、降风险等功能作用，撬动商业、社会民间等更广泛资金参与国际发展合作，形成官民互动、政企协同、产融协作的全方位融资模式，为加快实现联合国可持续发展议程提供更大助力。

第十章

发展中国家开放与进博会

习近平主席在第五届中国国际进口博览会（以下称"进博会"）开幕式上指出："我们要以开放纾发展之困、以开放汇合作之力、以开放聚创新之势、以开放谋共享之福，推动经济全球化不断向前，增强各国发展动能，让发展成果更多更公平惠及各国人民"。[①]进博会已成为中国构建新发展格局的窗口、推动高水平开放的平台和全球共享的国际公共产品。对广大发展中国家而言，进博会国际采购、投资促进、人文交流、开放合作四大平台作用不断凸显，有力促进其融入全球产业链供应链、实现包容可持续性发展。

一　发展中国家成为全球开放的重要参与者和建设者

经济全球化发展遭遇逆流，全球秩序面临重塑，新兴市场与发展中国家（以下简称"发展中国家"）作为全球开放的重要参与者，寻求互利开放的愿望更加强烈，需求更加迫切。积极稳妥扩大开放，有利于发展中国家抓住全球化的机遇，推进本国现代化进程。

（一）发展中国家在全球开放格局中发挥重要影响

近年来，发展中国家群体性崛起，世界经济"南升北降"。国际货币基金组

---

① 习近平：《共创开放繁荣的美好未来——在第五届中国国际进口博览会开幕式上的致辞》，新华社，2022年11月4日。

织测算，按照购买力平价衡量，发展中国家GDP全球占比超过发达国家，2022
年达58.2%；经济增速也遥遥领先。近20多年来，发展中国家已成为全球经济增
长的重要推动力（见图10.1）。

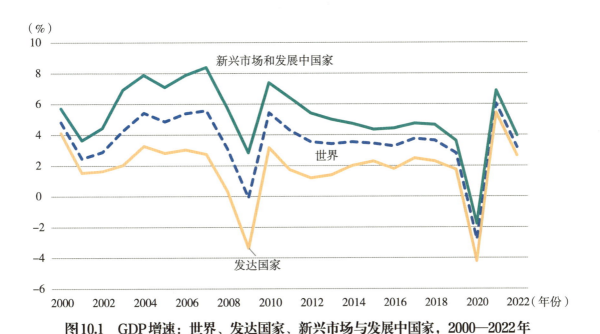

图10.1　GDP增速：世界、发达国家、新兴市场与发展中国家，2000—2022年
资料来源：国际货币基金组织《世界经济展望》数据库，2023年4月。

发展中国家在世界贸易、投资发展中的作用和影响不断提高。近20多年来，
发展中国家基本保持了高于发达国家的贸易增速（见图10-2），在全球货物贸易
中的占比也不断上升：根据全球贸易观察数据库测算，2022年发展中国家货物
出口全球份额为43%，比2017年提高3.8个百分点；进口份额为38.1%，比2017
年提高0.8个百分点，与发达国家间的差距进一步缩小。发展中国家通过改善营
商环境，发布优惠引资政策等举措，大力引进外商投资，积极融入全球供应链
体系。国际投资重心逐渐由发达国家向发展中国家转移。联合国贸易和发展会
议（UNCTAD）《2023年世界投资报告》显示，2022年全球外国直接投资（FDI）
流量为1.3万亿美元，其中发展中国家占比超过70%，创历史纪录。

发展中国家成为全球经济治理的积极参与者。在发展中国家的强烈要求下，
国际货币基金组织和世界银行开启改革，逐步增加发展中国家和新兴经济体的

份额与投票权。世界贸易组织发展中成员占成员数的2/3以上，在电子商务、服务贸易国内规制、投资便利化等诸边谈判中发挥着重要作用。G20是发达国家和发展中国家共同参与全球经济治理的重要实践，为应对国际金融危机、推动国际经济合作发挥了积极作用。金砖合作机制在疫苗研发、科技创新、人文交流、可持续发展等领域为广大发展中国家和新兴经济体搭建了新的合作平台，有力地推动了南南合作。

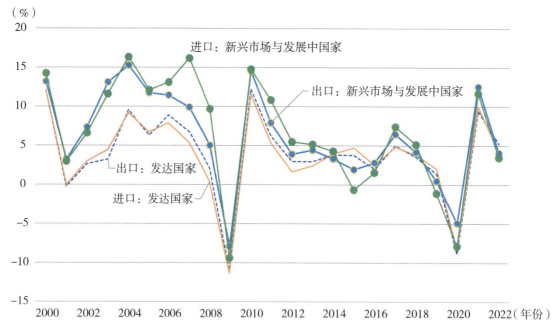

图10.2　贸易增速：发达国家以及新兴市场与发展中国家，2000—2022年

资料来源：国际货币基金组织《世界经济展望》数据库。

专栏10-1　WTO投资便利化诸边谈判达成协定

　　2017年4月，中国等部分发展中成员和最不发达成员在世界贸易组织发起了关于投资便利化促进发展的非正式对话，2017年12月，在第11届部长级会议上，70个WTO成员发表投资便利化联合声明倡议，呼吁发起投资便利化框架性讨论。2019年11月，98个成员发表第二个联合声明倡议，并于2020年9月正式启动投资便利化谈判。2022年底，《投资便利化协定》文本谈判实质性结束。2023年7月，谈判成功结束并达成《投资便利化协定》。

WTO投资便利化谈判坚持发展导向，协定中包含对发展中成员和最不发达成员给予特殊和差别待遇、提供技术支持和能力建设的内容。投资便利化谈判旨在建立国际规则，在全球范围内提升投资政策透明度，简化和加快投资审批程序，促进国际合作。

（二）发展中国家开放面临挑战

外部压力日趋严峻。世界经济低迷不振，逆全球化暗流涌动，国际形势动荡多变，叠加新冠疫情、气候变化、环境污染等全球性挑战。乌克兰危机带来新的冲击，推升能源、粮食价格，产业链供应链碎片化问题突出，全球通胀水平持续攀升，主要经济体货币政策收紧，给经济带来更大下行压力。全球发展进程遭受冲击，国际发展合作动能减弱，南北发展差距进一步扩大。全球30年来减少极端贫困的稳步进展陷入停滞，发展中国家面临的开放形势更加严峻。

专栏10-2　世界贫困人口数量增加

世界银行《2022年贫困与共享繁荣》报告显示，全球在减少极端贫困方面的进展陷入停滞。2020年，生活在极端贫困中的人数增长11%，全球贫困人口人数由6.48亿升至7.19亿，极端贫困率提高1.2个百分点。该报告预测，2030年全球贫困率预计约为7%，届时仍有约5.74亿人的生活水平处于极端贫困线之下，这将大大超过2030年3%的预定目标。撒哈拉以南非洲和中东北非地区的低收入国家受到的影响最为严重。

内部瓶颈制约加重。部分发展中国家面临的内外不平衡问题日渐加重，技术和人力资源瓶颈问题长期未得到缓解，亟须国际社会在减贫、粮食安全、工业化、数字教育、可持续发展、清洁能源等方面提供相应支持。有的发展中国家迫切希望提高经济发展能力，增加贸易和投资机会，呼吁国际社会提供更多的国际公共产品，帮助发展中国家更好地应对全球性挑战、共享全球化成果。

二 进博会为发展中国家开放带来机遇

自举办以来，进博会持续放大"四大平台"作用，众多发展中国家通过参与进博会展示新产品、新技术，开拓新商机，结交新伙伴，并以此为契机融入全球经济，获得更多贸易投资和国际合作机会，还可以展示自身文化，增进人文交流。进博会构建广泛、公平的参与机制，坚持互利互惠的原则，将中国发展利益同发展中国家的共同利益对接融合，成为落实全球发展倡议的生动实践。

专栏10-3　发展中国家从参与进博会中受益

举办进博会是中国同包括发展中国家在内的世界各国共享发展机遇的实际行动，旨在推动形成更加开放、包容、普惠、平衡、共赢的经济全球化。中国拥有14亿多人口和4亿以上中等收入群体，市场规模巨大，是全球最具潜力的超大规模市场。2022年中国社会消费品零售总额44万亿元，货物进口额18.1万亿元。中国巨大的市场需求给发展中国家的商品出口、双向投资、文化交流合作带来机遇。中国从参展发展中国家进口总额从首届（2018年）的0.74万亿美元增至第五届（2022年）的1.09万亿美元，对参展发展中国家直接投资总额从首届的181亿美元增至第四届的211亿美元，五届累计进口4.17万亿美元，前四届累计直接投资771亿美元。

从参展国家和地区整体体量来看，参展国家和地区国际贸易总额从首届的45.36万亿美元增长至第五届的55.39万亿美元；参展国家和地区跨国直接投资总额从首届的2.08万亿美元增长至第五届的2.87万亿美元。人文活动和配套活动数量从首届的380余场增长至第五届的884场，五届累计超过2970场。发展中国家通过参与进博会获益良多。

（一）推动发展中国家融入全球经济

提供市场机遇。进博会为发展中国家分享中国消费市场机遇提供了重要平台。来自发展中国家的参展商能够更便捷地了解中国和国际市场需求，中国消费者也得以了解其特色产品。通过进博会，发展中国家包括最不发达国家的商品源源不断地进入中国市场，从中国日益增长的消费需求中获益。中国已经成为全球价值链中心枢纽之一，进博会同时成为广大发展中国家融入全球产业分工体系的重要渠道，促进其参与国际经贸，融入全球价值链。

专栏10-4　进博会帮助发展中国家特色商品走向中国和世界

通过进博会，发展中国家的特色商品不断进入中国市场。2017—2021年自阿富汗、东帝汶、吉布提、圣多美和普林西比、多哥等国进口额年均增长率均超过50%，其中自吉布提进口年均增长率高达675%，一大批特色产品广受中国消费者喜爱。2022年东帝汶的黑胡椒、老挝的茶叶、中非共和国的木雕、埃塞俄比亚的咖啡等商品出现在第五届中国国际进口博览会上，引起众多采购商的浓厚兴趣，咨询、洽商者络绎不绝。

对接发展需求。进博会作为中国面向世界搭建的国际采购平台和投资促进平台，重视与发展中国家的交流与合作。进博会为参展国家开展了有针对性的对接活动，为参展商和采购商提供贸易与投资对接撮合服务，发展中国家从中获得了考察市场和深入对接国际投资者的便捷渠道；企业可以通过参展观展、互动交流，了解最新技术、产品和服务，有助于提升技术水平和创新能力。第五届进博会贸易投资对接会围绕"科技创新""数字经济""绿色低碳""乡村振兴""消费升级"五大主题搭建贸易、投资一体化交流平台，为参展商、采购商、地方政府、产业园区、投资机构等提供集贸易洽谈、投资对接、产业合作、金融服务于一体的综合服务，为发展中国家提供更加精准的对接和立体的参展服务。

专栏10-5　第五届进博会贸易投资对接会在马来西亚举办专场活动

2022年11月7日，第五届中国国际进口博览会贸易投资对接会中马专场暨2022年中马企业跨境合作对接会在吉隆坡开幕。这次对接会有2700多家中国企业报名参会，最终精选出超过240家优质中国企业与117家马来西亚企业通过"线上+线下""推介+对接"等形式进行磋商洽谈。两国部分企业、机构在开幕式现场签署谅解备忘录。围绕食品及农产品、新能源、绿色农业、汽车和技术装备等货物贸易和服务贸易进行了意向合作洽谈及云签约。

中马企业合作对接会是共享RCEP新机遇，助推中马经贸合作的重要举措。中国驻马来西亚大使出席开幕式时表示，随着RCEP的全面实施，中国和马来西亚均在中国—东盟自贸区的基础上新增了市场开放承诺，中马双方经贸合作将不断释放新的红利，中马供应链产业链将得到进一步优化，两国经贸合作空间将进一步提升。

马来西亚国际贸易与工业部官员表示，2021年，中国是马来西亚第四大外国直接投资来源国，投资额为166亿林吉特（1美元约合4.7林吉特），预计将在马来西亚创造近14000个就业机会。

中华总商会负责人说，中国是全球最具潜力的大市场，随着中国经济的增长，民众消费水平提高，对绿色、安全和健康食品、日常用品，以及老龄人口的医疗保健服务需求不断增长，马来西亚产品及贸易服务可凭着良好信誉，在中国市场争取更大的发展空间。马来西亚在高科技产业、数字化、农业技术，以及智能生态环境工业园区方面，可以向中国多加学习。

提供参展便利。进博会自创办以来，始终坚持"迎五洲客，计天下利"的义利观，广泛邀请发展中国家参展，对最不发达国家提供部分免费展位和搭建补贴，降低了最不发达国家参加进博会、进入国际市场的成本。第五届进博会最不发达国家企业免费展位数量比第四届增加近1倍，超过100个，在世界经济艰难复苏的情况下，为最不发达国家继续参与全球经贸活动、推动减贫、获得更多贸易机会发挥了积极作用。

专栏10-6　特殊"展位"为最不发达国家打开中国市场窗口

在每年的进博会上都有一些特殊的"展位"，它们是进博会为最不发达国家参展商提供的免费展位，小小的展位为这些国家打开了中国大市场的一扇窗。

第五届进博会期间，卢旺达向中国消费者展示了包括咖啡、辣椒、茶叶、牛油果油和手工艺品等在内的"卢旺达制造"商品，并进行销售。除线下展会外，卢旺达还举办了咖啡推广的直播活动，并与合作伙伴深入探讨了加强合作的机遇，以期增加对中国的出口。

（二）提升发展中国家开放发展能力

释放贸易投资潜力。进博会为发展中国家扩大对华出口开辟了便捷的开放通道，其平台效应让众多小微企业、小众展品同样得到了大量的市场关注。通过参加进博会，发展中国家的企业和商户能够有更多机会加强与国际市场的联系，深度参与国际经济竞争与合作，进而提高产品质量和竞争力。进博会为发展中国家展示自身投资环境、政策和项目提供了重要窗口，搭建了与国际投资者和企业交流合作的平台，为发展中国家吸引外资创造了条件。

专栏10-7 中老铁路与进博会相得益彰

中老铁路2021年底通车后，至2023年6月，已累计发送货物2100万吨，货物品类由开通初期的化肥、百货等10多种扩展至电子产品、冷链水果等2000多种。中国发运到老挝的货物主要是机械设备、家用电器、蔬菜、鲜花、机械配件等；从老挝发运到中国的货物主要是金属矿石、木薯、薏米等，通达中国25个省（区、市）。通过铁路国际运输新模式，中老铁路与西部陆海新通道、中欧班列等实现无缝对接，货物运输覆盖老挝、泰国、越南、缅甸等10多个共建"一带一路"国家。中老铁路节省了货运时间，成本大大降低，便利了共建国家的产品进入进博会，提升了互联互通水平和资源配置效率，吸引了更多的采购商和投资商。进博会也有效整合了共建"一带一路"国家和中国的市场需求，为地区和全球产业链供应链的稳定畅通提供了有力支撑。

2022年11月5日，第五届进博会云南主题活动——中老铁路沿线开发合作推介会暨第二届中国老挝磨憨—磨丁经济合作区招商对接会在上海举行。

云南省交易团与13个国家和地区的60家企业代表聚焦大通道带动大物流、大物流带动大贸易、大贸易带动大产业，就如何发挥中老铁路辐射带动作用展开会见洽谈。会上举办了投资合作及进口商品采购项目签约仪式，共有16个项目进行现场签约。其中，投资类项目11个，总投资约235亿元人民币，同比增长14.08%，投资协议占90%，项目涵盖新能源、生物医药、信息技术、林产业综合开发、农业及智慧物流、总部经济等领域。进口采购类项目5个，进口采购金额8.45亿美元，同比增长1.2%，主要涉及大豆、铜精矿、粗铜、石油焦、非标铂、肉牛等商品进口。

优化商业模式。参加进博会给发展中国家企业提供了学习国际经验的良好机会，有助于参展企业了解最新的商业运作模式，改善经营管理。同时，参展企业通过线上线下结合，展示自身品牌和产品，获得更多的曝光度，有助于提升品牌形象和声誉。进博会汇集了全球各领域的领军企业、权威行业组织和国际机构，有助于发展中国家企业更好地了解行业发展趋势，接触到更加先进的商业模式，提高开展国际业务的能力。

专栏10-8 "全球发展中国家中小企业数字化贸易加速器"借助进博会发挥效能

联合国国际贸易中心（ITC）与国内某电商平台紧密合作，在第四届进博会期间启动"全球发展中国家电子商务加速器项目"并持续运作。该计划面向发展中国家的传统中小企业，提供包括数字化商品展示、商机匹配、营销推广等在内的课程培训和运营支持，孵化数字化的标杆企业。首批孵化的66家企业来自孟加拉国、老挝、缅甸、柬埔寨、埃塞俄比亚、莫桑比克、卢旺达、哥伦比亚等24个发展中国家，横跨食品饮料、日用消费品等多个行业。

针对发展中国家的广大中小企业初次涉足跨境电商遇到的知识、经验方面的困难，该项目有助于扶持这些行业"后来者"借助数字化便利手段，更快地实现企业的数字化升级，从而链接全球市场，拓宽业务领域。

（三）有助于发展中国家加强文明交流互鉴

展示人文风采。进博会自创办以来，人文交流平台作用持续凸显，为发展中国家展示丰富久远的历史文化传统提供了机会。国家展作为进博会的重要组成部分，在推介文化产品、展示人文风采方面发挥了重要作用。第五届进博会扩大了"线上国家展"的范围，其中，尼加拉瓜、吉布提、毛里塔尼亚、科摩罗、莫桑比克、刚果（金）、伊拉克7个发展中国家首次参与国家展。展示主题更加丰富，包括科技创新、贸易投资、特色产业、自然人文风情、美食文化等。国家展还引入了元宇宙等线上展示技术，为全球参观者带来沉浸式观展体验。

荟萃文化资源。进博会在推介发展中国家文旅资源、促进发展中国家跨境旅游方面发挥了有效作用。通过展示文化遗产、旅游景点、民俗文化等资源，参展国家和文化企业得到了更多的国际曝光和宣传，提高了国际知名度和形象。比如，第五届进博会期间举办的"2022国际文旅健康高峰论坛"，旨在打造国际文旅健康产业公共服务平台，为各参与方提供全流程的产业促进服务，为发展中国家文旅产业提供发展思路，有助于彰显历史文化资源的独特魅力。

专栏10-9　柬埔寨航空企业通过进博会扩大影响力

柬埔寨文物古迹众多，旅游资源丰富，是中国游客喜爱的旅游目的地之一，国人最熟知的景点便是吴哥窟。作为连续5年参加进博会的"老朋友"，第五届进博会柬埔寨还带来了一位首次参展的新成员——柬埔寨某航空公司。

第五届进博会期间，该航空公司除展示基本情况和特色航线外，还精心展示有代表性的高棉旅游风情、传统手工艺纪念品，包括存在于吴哥窟的仙女"阿帕莎喇"雕像、莲花以及木雕等，给参观者带来更好的柬埔寨文化体验。航空公司负责人介绍，虽然航空业受疫情影响较大，但是他们对未来两国人员往来充满信心。借助进博会的舞台，可以架起两国人民交往的"空中之桥"，助力文化交融、旅游往来。

三　进博会为发展中国家开放发展提供长效机制

进博会的平台功能作用日益凸显，一方面为发展中国家加深与中国和国际市场的融合提供了机会，另一方面也为发展中国家提供了机制化的安排，持续稳定地为发展中国家开放提供动能。

（一）有助于发展中国家参与全球经济治理

进博会举办五届以来，虹桥国际经济论坛围绕"全球开放"的核心主题，充分发挥国际公共产品定位，为发展中国家参与全球治理提供了交流互鉴的平台。第五届虹桥论坛以"激发全球开放新动能 共享合作发展新机遇"为主题，探讨全球开放发展热点议题，聚合金砖国家和上合组织国家，新增联合国工业发展组织、联合国人口基金、联合国全球契约组织、联合国减灾办、国际贸易中心、世界知识产权组织等国际组织合作主办分论坛，推动社会各界广泛讨论发展中国家相关议题，在多边框架内凝聚开放共识。

专栏10-10　第五届虹桥论坛提升发展中国家议题关注度

第五届虹桥国际经济论坛的议题特别关注全球发展问题，增加发展中国家相关议题设计，引领全球讨论。第五届虹桥国际经济论坛与发展中国家相关的议题包括"深化产业园区和特殊经济区南南合作 加快实现包容和可持续的工业化""践行全球发展倡议 建设世界一流企业""以经贸合作促进全球粮食安全和乡村振兴"等，论坛把发展中国家官员、企业代表、国际组织专家、中国相关部委负责人和专家聚集在一起，汇聚各界嘉宾的真知灼见，为实现联合国《2030年可持续发展议程》、推动发展中国家实现包容与可持续发展建言献策。

作为中国国际进口博览会的重要组成部分，虹桥论坛已发展成为国际政商学界高端对话交流平台，发布开放领域近20个专业化、权威性报告，5场次分论坛邀请了诺贝尔奖得主发表演讲。通过境内外主流媒体，借助多种传播形式，为发展中国家高度关注的话题发出"虹桥声音"。

（二）传导高水平经贸规则实施效应

进博会作为中国宣示扩大对外开放决心、推进对接高水平经贸规则的重要平台，为发展中国家提供了更多了解和学习开放实践的机会。中国全面履行《区域全面经济伙伴关系协定》（RCEP），通过进博会为RCEP成员进入中国市场和拓展业务提供更多机会。同时，进博会为各国探讨和推动WTO《投资便利化协定》、数字经济等重要议题提供了平台，这也为发展中国家提供了了解、学习和参与的机会，推动其进一步融入国际贸易体系。

（三）创新南南对话与合作机制

进博会已成为中国推动对发展中国家投资和双向开放合作的重要场合。进博会积极举办多场活动，为南南国家之间对话交流创造机会，帮助发展中国家分享最佳实践，加强互利合作。进博会积极促成发展中国家与国际组织、高校智库、行业团体、金融机构等多层次合作，全面回应发展中国家多元化开放合作需求，充实完善了南南合作机制。依托进博会，"一带一路"合作机制进一步落实，进博会正在成为共建"一带一路"的重要功能平台。

专栏10-11　"一带一路"沿线国家与地方政府双向合作论坛增进南南交流合作

"一带一路"沿线国家与地方政府双向合作论坛作为第五届进博会配套现场活动之一，邀请了全球服务贸易联盟、世界贸易组织、上海合作组织等国际组织的领导，共建"一带一路"国家驻华使节、中国地方政府官员、国际经济贸易专家学者及国内知名企业代表参会，共同讨论国际经济合作趋势和"一带一路"建设的方针政策，旨在为共建"一带一路"国家、各政府部门提供有价值的咨询建议，为中外企业开展"一带一路"建设项目合作提供便利和服务。

自2019年以来，该论坛已成功举办四届，积极协助共建"一带一路"国家与中国地方政府找准参与"一带一路"合作定位，挖掘合作资源，实现资源共享、优势互补、合作共赢，帮助共建国家加强对中国各省（区、市）市场的了解，为地方扩大对外开放注入新动能，为增进各国与地方间合作提供了广阔空间和重要平台。

第十一章

高水平开放与中国式现代化

现代化是人类历史上的全球性变革，[①]也是世界经济开放发展的过程。中国式现代化是迄今规模最大的现代化，既遵循现代化的一般规律，又立足于自身国情，具有鲜明的中国特色和本质要求。[②]中国式现代化道路，从开放中来，也必将通过高水平开放走向未来，并为世界经济开放发展提供更多的稳定性和新机遇，为人类共同发展进步作出新贡献。

一 高水平开放贯穿中国式现代化全过程

中国式现代化是人口规模巨大的现代化、全体人民共同富裕的现代化、物质文明和精神文明相协调的现代化、人与自然和谐共生的现代化、走和平发展道路的现代化，是中国各族人民历经千辛万苦、付出巨大代价取得的重大成果。长期的探索实践已经证明，开放是推进现代化的重要动力，高水平开放是中国式现代化的题中应有之义。中国越发展，就越开放，中国开放的大门只会越开越大。

---

① 罗荣渠：《现代化新论：中国的现代化之路（增订本）》，华东师范大学出版社2013年版。
② 习近平：《高举中国特色社会主义伟大旗帜 为全面建设社会主义现代化国家而团结奋斗——在中国共产党第二十次全国代表大会上的报告》，《人民日报》2022年10月26日，第一至八版。

专栏11-1　中国式现代化的历史探索

实现中华民族伟大复兴是近代以来中国人民孜孜以求的共同梦想。新中国成立后，社会主义革命和建设不断取得巨大成就，为现代化建设奠定根本政治前提、理论准备和物质基础。1978年后，中国开启了改革开放和社会主义现代化建设新时期，实现了人民生活从温饱不足到总体小康、奔向全面小康的历史性跨越，为中国式现代化提供了充满新活力的体制保证和物质条件。2012年以来，中国式现代化的理论和实践更是得到了加速推进和拓展，初步构建了中国式现代化的理论体系，并在战略上不断完善，在实践上不断丰富。中国式现代化走出了一条历史悠久、民族特有的发展道路。

（一）高水平开放是中国式现代化的重要动力

改革开放是中国经济社会发展的动力。不断扩大对外开放、提高对外开放水平，以开放促改革、促发展，是中国发展不断取得成就的重要原因。高水平开放能更快打通市场、产业、创新关系等各环节的堵点、卡点，大幅提升经济发展活力。同时，面对社会重点领域改革中的不少"硬骨头"，以主动开放、自主开放将外部压力转化为内生动力，加快对标高标准国际经贸规则，有利于加强改革系统集成、协同高效，有助于促进国内深层次改革。高水平开放将推动未来改革和创新，为中国式现代化提供持续不断的动力源泉。

（二）高水平开放是构建新发展格局的现实路径

构建以国内大循环为主体、国内国际双循环相互促进的新发展格局，是新时代的重大战略任务。新发展格局"决不是封闭的国内循环，而是更加开放的国内国际双循环"。一方面，高水平开放有利于畅通国民经济循环，通过引入高端生产要素和短缺资源，提高全要素生产率，在做大"蛋糕"的基础上有利于分好"蛋糕"，通过借鉴国际先进经验，提升国内流通产业效率，通过提供优质供给，更好地助推国内消费升级。另一方面，高水平开放有利于以国内大循环牵引国际大循环，国际大循环促进国内大循环，促进国内国际双循环。不断扩大出口，优化国际市场布局；积极扩大进口，释放内需潜力，推动内外市场良性循环；高质量"引进来"，高水平"走出去"，推动内外产业良性循环；在开放合作中推动内外创新良性循环和规则有效联通。

（三）高水平开放是创造美好生活的迫切需要

丰富人民精神世界、实现全体人民共同富裕是中国式现代化的本质要求，增进民生福祉是发展的根本目的。高水平对外开放助推人民美好生活需要的满足，体现在更好地发挥外贸外资在稳就业、稳经济上的重要作用，增加优质产品和服务进口，满足人民多层次多样化消费需求等方面。另外，高水平对外开放，通过推动与世界上发展、进步、文明的国家和民族之间的交流互动，也不断满足着人民群众多层次多样化的精神需求。

（四）高水平开放是统筹发展和安全的必然要求

经济全球化时代，任何国家都不可能独善其身，都需要在开放中谋求自身安全，扩大共同安全。中国的开放水平在与自身的发展阶段、基本国情、世界大势等相匹配的同时，还需要处理好开放程度与发展水平、开放进程与竞争力、开放本领与治理能力、开放实力与责任担当、开放获益与包容共享之间的关系。高水平开放坚持总体国家安全观，更关注开放安全，在深刻认识扩大开放中面临的新问题、新挑战的基础上，把握好扩大开放的力度、速度和程度，为中国式现代化构建安全屏障。

二　中国式现代化是建设开放型世界经济的重大机遇

当前全球开放发展面临不少困难，世界经济和贸易增长动能减弱。中国式现代化在实现自身发展的同时，为世界经济复苏注入更多正能量、为建设开放型世界经济提供更多稳定性和新机遇。中国对世界经济增长的贡献率持续保持在30%左右，成为世界经济增长的最大引擎。[①]

（一）助力亚洲成为疫后全球最具活力地区

联合国、世界银行、国际货币基金组织等多家国际组织预测，2023年世界经济增长下行风险较大[②]。如联合国贸易和发展会议4月《贸易与发展报告》预测，2023年全球经济增速降至2.1%（2022年9月预测2.2%，低于国际金融危机前的水平）。[③]IMF在7月发布的《世界经济展望》中，虽然将2023年全球经济增长预期在4月预测基础上上调0.2个百分点至3%，但仍低于2000—2019年平均水平（3.8%）。同时，IMF预计，2023年发达经济体经济增速将从2022年的2.7%降至1.5%，约93%的发达经济体经济增速将放缓；亚洲新兴市场和发展中经济体的经济增速有望在2023年升至5.3%。[④]IMF等均认为，亚洲地区将成为全球最具活力的主要地区，而中国将成为助力亚太地区经济发展的主要引擎，[⑤]预计2023年中国经济增速为5.2%，将产生积极外溢效应。IMF经济学家表示，中国经济增速每提高一个百分点，亚洲其他地区的产出将增加约0.3%，这对世界经济复苏无疑是一大利好。[⑥]

---

① 中国社会科学院世界经济与政治研究所、虹桥国际经济论坛研究中心：《世界开放报告2022》，中国社会科学出版社2022年版，第12章，第184页。

② 参见各国际组织官方网站。自2022年冬季以来，各大机构多次调整对世界经济增长预期。

③ UNCTAD, "Trade and Development Report Update", April, 2023, https://unctad.org/system/files/official–document/gdsinf2023d1_en.pdf.

④ IMF, "World Economic Outlook Update", July 2023.

⑤ 王宁：《恢复势头良好，中国外贸发展未来可期》，《国际商报》2023年4月11日，第2版；Srinivasan, K., Helbling, T., Peiris, S., "Asia's Easing Economic Headwinds Make Way for Stronger Recovery", IMF Blog, February 20, 2023, https://www.imf.org/en/Blogs/Articles/2023/02/20/asias-easing-economic-headwinds-make-way-for-stronger-recovery; World Bank, "East Asia and the Pacific Economic Update", April, 2023, https://openknowledge.worldbank.org/server/api/core/bitstreams/a0c1ac81–1d8c–42b6–95a9–da66f6a862ee/content。

⑥ Srinivasan, K., Helbling, T., Peiris, S. J., "Asia's Easing Economic Headwinds Make Way for Stronger Recovery", IMF Blog, February 20, 2023, https://www.imf.org/en/Blogs/Articles/2023/02/20/asias-easing-economic-headwinds-make-way-for-stronger-recovery.

（二）为世界经济复苏提供新机遇

2023年中国经济运行呈现恢复向好态势，为世界经济增添了信心与稳定性。上半年中国经济同比增长5.5%，消费和服务业显著反弹，极大地提振了在华跨国公司的信心。摩根大通、美国花旗、瑞银集团等多家国际机构将对中国的全年增长预期调至5%以上。中国超大规模的国内市场、有效的制造业配套能力以及不断完善的营商环境，是吸引外企来华投资、扩展业务的重要因素。根据中国国际贸易促进委员会《2023年第二季度中国外资营商环境调研报告》，近九成受访外资企业对在华获取经营场所、纳税、办理结业手续、解决商业纠纷、市政公用基础设施报装、市场准入、跨境贸易、促进市场竞争等指标评价"满意"以上。超九成受访外资企业对2022年第四季度以来中央出台的外资政策评价"满意"以上，近九成受访外资企业对地方政府出台的外资举措评价"满意"以上。从经营情况看，近七成受访外资企业看好未来五年中国市场前景，超九成受访外资企业认为中国市场吸引力上升或持平，超八成受访外资企业预期今年在华投资利润率将持平或有所增加。①

（三）为完善全球经济治理提供中国方案

中国式现代化立足于自身国情并吸收借鉴国际现代化发展经验，着眼于解决改革开放与社会主义现代化过程中面临的实际问题，不断回答中国之问、世界之问、人民之问、时代之问，作出符合中国实际和时代要求的正确回答，贡献更多中国方案与中国智慧。中国提出了全球发展倡议、全球安全倡议、全球文明倡议，并通过共建"一带一路"提供了更多全球公共产品。中国支持多边贸易体制，扩大面向全球的高标准自由贸易区网络，推动贸易和投资自由化便利化，与各国共享中国发展新机遇，推动建设开放型世界经济。②

---

① 中国贸促会办公室：《中国贸促会举行2023年7月例行新闻发布会》，2023年7月28日，https://www.ccpit.org/a/20230728/20230728a8tc.html。

②《高举中国特色社会主义伟大旗帜 为全面建设社会主义现代化国家而团结奋斗——在中国共产党第二十次全国代表大会上的报告（2022年10月16日）》，《人民日报》2022年10月25日，第1–8版。

（四）丰富开放型世界经济的理念与实践形态

中国式现代化的理念和经验是发展的、开放的、包容的。中国基于自身文化国情，在借鉴国际经验的基础上，走出了一条具有中国特色的现代化道路。中国式现代化蕴含的独特自然观、国家观、民生观、自由观、权利观、文明观，连同其伟大实践，是对世界现代化理论和实践的重大创新。

中国式现代化理念根植于中华优秀传统文化。中华文化崇尚人与自然"和合共生"的自然观，秉承"民为邦本，本固邦宁"的国家观，奉行"利民之用，厚民之生"的民生观，推崇"己所不欲，勿施于人"的自由观与权利观，主张"和而不同，美美与共"的文明观。[①]中国的现代化发展，从宏观历史的长视角来看待世界的发展，把握规律与趋势。中国坚信，经济全球化的逆流只是短暂的，全球化仍是历史大势，各国应选择适合自身的发展道路，相互尊重、开放包容、合作共赢。

中国式现代化探索出现代化文明新形态。中国式现代化借鉴吸收其他人类优秀文明成果，有别于西方现代化模式，是一种新的现代化文明形态。以人民为中心是中国式现代化的根本特征，追求人的全面发展，发展为了人民、发展依靠人民、发展成果由人民共享。以高品质的生态环境支撑高质量发展，并在推动高质量发展的同时让现代化建设成果更多更公平惠及全体人民，坚决防止两极分化。既要推动物质富足，也要提升人的精神富足，是中国式现代化的崇高追求。

中国式现代化是世界开放型经济实践的重要组成部分。在中国这样人口规模巨大的国家，实现高速发展的同时仍能保持社会长期稳定，这本身就是一个奇迹。中国坚持科技创新和绿色发展，提高发展的可持续性；推进区域协调发展、乡村振兴，减少国内地区城乡发展差距，促进发展成果共享；中国循序渐进推进改革开放，以试点探索开放经验，避免开放给国内经济与社会带来剧烈冲击。在借鉴西方现代化经验的基础上，中国将西方现代化依次经历的工业化、

---

① 张树华：《中国式现代化道路的价值蕴含与世界意义》，《光明日报》2022年12月21日，第12版。

城镇化、农业现代化和信息化"串联"式发展过程，通过"并联"式发展，推进工业化、信息化、城镇化、农业现代化叠加发展，[①]将潜在后发优势转变为现实的后发优势。中国倡导弘扬和平、发展、公平、正义、民主、自由的全人类共同价值。中国式现代化走的是一条和平共赢的道路，为人类对更好社会发展制度的探索提供了中国方案[②]。重视国民教育与人才培养，为经济发展提供持久动力；中国与各国共享机遇，将绿色、和平、互利共赢的发展理念，以及共商、共建、共享的治理理念融入多双边及与第三方合作中。

三　中国式现代化进程代表人类共同发展进步的方向

当今世界，人类命运休戚与共。中国通过和平发展推进现代化进程，注重开放、合作与共享。中国坚持对外开放，与各国共建"一带一路"，通过提出全球发展倡议凝聚全球发展共识，推动贸易和投资自由化便利化，坚定支持和帮助广大发展中国家加快发展，推动构建人类命运共同体。

（一）中国式现代化为其他国家提供借鉴

拓宽了世界现代化道路的选择。现代化始于西方。很长一段时期，现代化几乎等同于西方化。资本主义现代化借助先发优势塑造了"现代化"的话语体系，将自由市场、三权分立、普遍价值作为实现现代化的先验要素，一定程度上限缩了其他国家自主实现现代化的空间。[③]大量事实证明，实现现代化并非易事，一些国家付出了主权独立的代价谋求依附性发展，遭遇各种"发展陷阱"。[④]

---

① 习近平：《推进新型工业化、信息化、城镇化、农业现代化同步发展》，载中共中央文献研究室编《习近平关于社会主义经济建设论述摘编（六）》，中央文献出版社2017年版。

② 黄群慧、杨虎涛：《中国式现代化道路的特质与世界意义》，《人民日报》2022年3月25日，第9版。

③ 韩桥生：《中国式现代化与资本主义现代化的显著区别》，《思想政治工作研究》2022第6期，第23—26页。

④ 罗荣渠：《现代化新论：中国的现代化之路（增订本）》，华东师范大学出版社2013年版；黄群慧、杨虎涛：《中国式现代化道路的特质与世界意义》，《人民日报》2022年3月25日，第9版。

现代化是全球性的变革，具有一元多线的发展特征。[①]作为现代化的经济基础，工业化是一个多样化的过程。历史的多样性，决定了各国选择发展道路的多样性。中国式现代化道路的成功证明，各国可以走出一条适合自己的发展道路。

为非西方国家提供了现化化的宝贵经验。中国作为全球最大的发展中国家，与广大发展中国家一样，经历了民族独立、推翻封建制度的艰辛近代史。同时，作为后起现代化国家，新中国成立特别是改革开放以来，用几十年时间走完西方发达国家几百年走过的工业化历程，保持经济快速发展和社会长期稳定。对于广大发展中国家而言，中国的经验值得借鉴。

中国坚持发展这一基本国策，抓住了工业化发展这一现代化的核心内涵和动力基础。[②]中国在开放过程中，循序渐进，发展社会主义市场经济，在不同的时期灵活而务实调整开放的策略。根据国内经济发展阶段、社会根本矛盾的变化，适时顺势调整发展的重点与速度，把促进全体人民共同富裕作为为人民谋幸福的着力点，扎实走好每一阶段的路。

中国高度重视发展的自主权。学习西方，但不照搬西方，有效维护了国家主权和发展安全。[③]中国的政治实践，将马克思主义与中国的优秀传统文化相结合，避免因利益分裂、社会冲突消耗改革发展的认同与合力。[④]

中国经验表明，作为后起国家，拥有一个具有最广泛人民基础、信念坚定的执政党，在推进经济赶超发展中，能够最大程度凝聚起对改革与发展的共识，并形成持久有效的合力。[⑤]中国式现代化道路也证明，现代化道路没有固定模式，

[①] 罗荣渠：《现代化新论：中国的现代化之路（增订本）》，华东师范大学出版社2013年版；黄群慧、杨虎涛：《中国式现代化道路的特质与世界意义》，《人民日报》2022年3月25日，第9版。

[②] 黄群慧：《以新型工业化推进中国式现代化》，《学习时报》2023年5月12日。

[③] 张树华：《中国式现代化道路的价值蕴含与世界意义》，《光明日报》2022年12月21日，第12版。

[④] 姚洋：《中国现代化道路及其世界意义》，载蔡昉：《中国式现代化：发展战略与路径》，中信出版集团2022年版。

[⑤] 黄群慧、杨虎涛：《中国式现代化道路的特质与世界意义》，《人民日报》2022年3月25日，第9版。

适合自己的才是最好的，不能削足适履。①一个国家走向现代化，既要遵循现代化一般规律，更要立足本国国情，注重本国特色。每个国家都可以、也应当找到适合自身的现代化发展道路。

厘清了世界现代化多样性的基本逻辑。现代化是人类历史上的全球性变革，②是人类文明进程的一部分。文化的多样性，预示着各国在探索现代化时有着多样化的道路选择。这是现代化唯一性到多样性的叙事逻辑的变化。

中国提出了全球文明倡议，从人类文明的高度、从历史长河的宏大视角，从根本上回答"我们究竟需要什么样的现代化？怎样才能实现现代化？"等一系列时代之问，为人类现代化道路的多样性、自主性、可持续性、共生性等提供了逻辑的合理性与合意性注解。从尊重世界文明形态多样性、尊重各国文化历史差异性出发，能够引发广大发展中国家的广泛认同与信任。人民是历史的创造者，在各国现代化道路方向选择上最具有发言权。同时，发展的核心要义是为了人民，通过发展实现物质生活的富裕与社会安定等，顺应各国人民对文明进步的渴望，能够凝聚起包括广大发展中国家在内的全球发展共识。③

（二）中国式现代化助力联合国可持续发展目标

联合国贸易和发展会议最新报告指出，全球经济在金融动荡背景下进一步放缓，发展中国家将面临更大困难。④联合国秘书长古特雷斯警告称，《2030年可持续发展议程》正在变成一座"理想中的海市蜃楼"，强调"发展必须是可持续的。否则，最终将不会有任何发展。"⑤

在当前全球经济放缓、生态环境承载能力超出负荷的背景下，发展中国家

---

① 黄群慧、杨虎涛：《中国式现代化道路的特质与世界意义》，《人民日报》2022年3月25日，第9版。

② 罗荣渠：《现代化新论：中国的现代化之路（增订本）》，华东师范大学出版社2013年版。

③ 王宁：《共建"一带一路"十年取得丰硕成果》，《国际商报》2023年4月11日，第2版。

④ UNCTAD, "Trade and Development Report Update", April 2023, https://unctad.org/system/files/official-document/gdsinf2023d1_en.pdf.

⑤ *UN News*, "Don't Let SDGs Turn into 'Mirage of What Might Have Been': UN Chief", April 17, 2023, https://news.un.org/en/story/2023/04/1135712.

的工业化进程面临更为严峻的国际环境与资源环境约束。如何保障发展中国家的发展权，解决好南北差距、世界性贫困等问题，是人类现代化进程中面临的重大全球性课题。

作为一个人口大国，中国十几亿人口整体迈入现代化社会，无疑是对人类可持续发展作出的巨大贡献。中国依托自身的国情，通过务实的发展政策，为实现联合国可持续发展目标作出重大贡献。改革开放40多年来，中国有8亿多人摆脱贫困，助力全球减贫。

中国积极助推全球绿色可持续发展。"绿水青山就是金山银山"。中国人工造林面积占全球1/4，可再生能源风电、太阳能装机容量占全球1/3以上，新能源汽车产销量全球第一，提出碳中和、碳达峰的"3060"目标，为落实《巴黎协定》作出表率。中国高度重视生物多样性保护，宣布成立昆明生物多样性基金，支持发展中国家生物多样性保护事业。中国积极参与2023年3月在纽约联合国总部进行的谈判，并签署了旨在保护国际水域多样性的全球协议。

共建"一带一路"倡议提出十年来，通过基础设施联通、畅通贸易和投资渠道，推进能源转型与科技合作，提高了这些国家的工业化基础与可持续发展能力。全球发展倡议也受到了国际社会的普遍欢迎，目前已得到100多个国家和多个国际组织支持，近70个国家加入"全球发展倡议之友小组"，为加快实现联合国2030年可持续发展目标提供了重要助力。

（三）中国式现代化推动构建人类命运共同体

当前人类社会面临前所未有的挑战，这些挑战对人类社会的影响不因国别、种族、地域而有差异。中国式现代化既基于自身国情，又借鉴各国经验，既传承历史文化，又融合现代文明，既造福本国人民，又促进世界共同发展，是中国强国建设、民族复兴的康庄大道，也是谋求人类进步、世界大同的必由之路。中国自身的现代化建设历程，是推进国际开放发展与合作、全球发展共享的过程，具有包容与可持续性，也是促进人类共同发展进步的历程。中国推动构建人类命运共同体，践行共商、共建、共享的全球治理观，积极推进全球治理变革。通过全球发展合作、包容互信，共同建设持久和平、普遍安全、共同繁荣、开放包容、清洁美丽的世界。

当今世界百年未有之大变局加速演进，世界开放进程处于"十字路口"。在充满不确定、不稳定性的国际形势背景下，中国式现代化为世界增加了确定性和稳定性，增强了世界开放发展的信心，引领人类文明包容互鉴。无论过去还是未来，人类命运休戚与共，加强团结协作是唯一的出路。

附　　录

一　世界开放指数数值：129个经济体，2008—2022年[①]

（黑体为G20成员国）

经济体	2022	2021	2020	2019	2018	2017	2016	2015	2014	2013	2012	2011	2010	2009	2008
新加坡	0.8875	0.8875	0.8852	0.8864	0.8757	0.8613	0.8576	0.8651	0.8699	0.8704	0.8651	0.8640	0.8586	0.8523	0.8598
德国	0.8530	0.8617	0.8478	0.8494	0.8478	0.8362	0.8332	0.8315	0.8340	0.8321	0.8271	0.8305	0.8255	0.8210	0.8262
中国香港	0.8475	0.8524	0.8446	0.8572	0.8646	0.8533	0.8520	0.8551	0.8636	0.8630	0.8554	0.8519	0.8449	0.8258	0.8255
爱尔兰	0.8393	0.8545	0.8427	0.8410	0.8249	0.8272	0.8269	0.8234	0.8175	0.8043	0.7976	0.7961	0.7875	0.7835	0.7811
马耳他	0.8158	0.8142	0.8059	0.8039	0.8020	0.7884	0.7788	0.7747	0.7887	0.7775	0.7800	0.7855	0.7989	0.7965	0.7944
荷兰	0.8093	0.8065	0.7979	0.8070	0.7911	0.7993	0.7988	0.8097	0.7965	0.8037	0.7919	0.7984	0.7820	0.7858	0.7898
澳大利亚	0.8091	0.8090	0.8082	0.8107	0.8073	0.7962	0.7921	0.7834	0.7726	0.7634	0.7557	0.7540	0.7500	0.7466	0.7440
瑞士	0.8090	0.8072	0.8061	0.8067	0.8095	0.8043	0.8093	0.8070	0.8046	0.8027	0.8049	0.7961	0.7913	0.7858	0.7785
塞浦路斯	0.8049	0.8031	0.7851	0.7845	0.7826	0.7576	0.7459	0.7448	0.7430	0.7094	0.7275	0.7620	0.7570	0.7601	0.7567
英国	0.8033	0.8056	0.8075	0.8186	0.8073	0.8185	0.8055	0.8077	0.8071	0.8105	0.8131	0.8092	0.8090	0.8052	0.8063
比利时	0.8012	0.7983	0.7856	0.7867	0.7829	0.7768	0.7760	0.7731	0.7773	0.7778	0.7725	0.7772	0.7670	0.7621	0.7691
加拿大	0.7980	0.8102	0.8083	0.8036	0.8005	0.7940	0.7866	0.7876	0.7908	0.7865	0.7844	0.7839	0.7785	0.7752	0.7908
法国	0.7928	0.7932	0.7861	0.7943	0.7952	0.7873	0.7840	0.7816	0.7845	0.7837	0.7837	0.7828	0.7797	0.7800	0.7869
韩国	0.7894	0.8025	0.7980	0.8036	0.8046	0.7954	0.7919	0.7664	0.7627	0.7555	0.7548	0.7395	0.7166	0.7024	0.7001
奥地利	0.7788	0.7786	0.7680	0.7718	0.7675	0.7627	0.7582	0.7569	0.7595	0.7591	0.7546	0.7594	0.7502	0.7481	0.7504
新西兰	0.7769	0.7813	0.7790	0.7787	0.7782	0.7665	0.7664	0.7672	0.7627	0.7587	0.7571	0.7569	0.7486	0.7481	0.7466
卢森堡	0.7766	0.8279	0.7964	0.7789	0.7535	0.7865	0.7590	0.7966	0.7869	0.7780	0.7764	0.7428	0.7400	0.7551	0.7116
瑞典	0.7762	0.7745	0.7664	0.7680	0.7638	0.7578	0.7550	0.7542	0.7575	0.7544	0.7523	0.7576	0.7502	0.7489	0.7480
希腊	0.7761	0.7739	0.7604	0.7609	0.7272	0.7160	0.7112	0.7093	0.7371	0.7346	0.7333	0.7335	0.7245	0.7241	0.7264
丹麦	0.7755	0.7748	0.7661	0.7683	0.7655	0.7583	0.7563	0.7546	0.7562	0.7550	0.7515	0.7520	0.7442	0.7420	0.7434
日本	0.7754	0.7834	0.7845	0.7993	0.7896	0.7813	0.7827	0.7858	0.7845	0.7804	0.7860	0.7927	0.7940	0.7885	0.7998
意大利	0.7753	0.7770	0.7687	0.7757	0.7750	0.7700	0.7655	0.7658	0.7680	0.7664	0.7624	0.7664	0.7630	0.7594	0.7575

[①] 囿于篇幅限制，本表中的开放指数数值按四舍五入仅保留小数点后4位。

续表

经济体	2022	2021	2020	2019	2018	2017	2016	2015	2014	2013	2012	2011	2010	2009	2008
美国	0.7745	0.7747	0.7673	0.7704	0.7694	0.7950	0.8032	0.8649	0.8956	0.9130	0.9332	0.9410	0.9579	0.9566	0.9649
匈牙利	0.7744	0.7741	0.7725	0.7729	0.7635	0.7581	0.7591	0.7550	0.7563	0.7519	0.7490	0.7505	0.7400	0.7356	0.7433
立陶宛	0.7732	0.7692	0.7600	0.7661	0.7552	0.7460	0.7359	0.7219	0.7189	0.7153	0.7126	0.7197	0.7124	0.7133	0.7228
爱沙尼亚	0.7729	0.7730	0.7633	0.7629	0.7631	0.7545	0.7506	0.7511	0.7515	0.7577	0.7512	0.7504	0.7375	0.7318	0.7322
西班牙	0.7714	0.7710	0.7622	0.7668	0.7643	0.7595	0.7543	0.7540	0.7551	0.7522	0.7477	0.7515	0.7453	0.7430	0.7462
拉脱维亚	0.7707	0.7681	0.7586	0.7613	0.7594	0.7499	0.7489	0.7434	0.7435	0.7401	0.7390	0.7405	0.7285	0.7202	0.7219
哥斯达黎加	0.7692	0.7690	0.7636	0.7619	0.7614	0.7530	0.7515	0.7466	0.7179	0.7439	0.7306	0.7307	0.6959	0.6944	0.6963
捷克	0.7655	0.7648	0.7622	0.7649	0.7620	0.7561	0.7535	0.7537	0.7538	0.7475	0.7465	0.7464	0.7375	0.7359	0.7335
中国澳门	0.7651	0.7600	0.7500	0.7681	0.7634	0.7524	0.7436	0.7439	0.7423	0.7342	0.7236	0.7369	0.7295	0.7290	0.7291
芬兰	0.7614	0.7599	0.7511	0.7532	0.7503	0.7446	0.7426	0.7405	0.7431	0.7433	0.7406	0.7410	0.7347	0.7318	0.7343
挪威	0.7608	0.7579	0.7567	0.7610	0.7605	0.7556	0.7537	0.7532	0.7530	0.7535	0.7537	0.7562	0.7508	0.7577	0.7655
葡萄牙	0.7607	0.7616	0.7576	0.7566	0.7485	0.7414	0.7379	0.7363	0.7380	0.7366	0.7329	0.7368	0.7289	0.7276	0.7296
墨西哥	0.7601	0.7666	0.7675	0.7664	0.7678	0.7568	0.7535	0.7498	0.7504	0.7473	0.7450	0.7460	0.7427	0.7439	0.7449
尼加拉瓜	0.7581	0.7563	0.7511	0.7501	0.7498	0.7436	0.7429	0.7423	0.7448	0.7452	0.7320	0.7323	0.7276	0.7230	0.7232
以色列	0.7540	0.7716	0.7693	0.7710	0.7717	0.7655	0.7639	0.7634	0.7656	0.7641	0.7628	0.7628	0.7584	0.7550	0.7543
罗马尼亚	0.7534	0.7531	0.7438	0.7521	0.7472	0.7399	0.7370	0.7341	0.7342	0.7298	0.7267	0.7287	0.7228	0.7164	0.7152
中国	0.7517	0.7560	0.7511	0.7526	0.7459	0.7413	0.7358	0.7337	0.7323	0.7214	0.7105	0.7019	0.6923	0.6777	0.6789
秘鲁	0.7517	0.7594	0.7580	0.7587	0.7607	0.7466	0.7265	0.7254	0.7254	0.7245	0.7184	0.7174	0.7102	0.7062	0.6943
巴林	0.7515	0.7560	0.7577	0.7545	0.7534	0.7464	0.7488	0.7498	0.7518	0.7527	0.7474	0.7363	0.7378	0.7292	0.7251
巴拿马	0.7498	0.7511	0.7491	0.7503	0.7469	0.7450	0.7419	0.7470	0.7487	0.7476	0.7406	0.7383	0.7296	0.7250	0.7297
智利	0.7488	0.7556	0.7537	0.7544	0.7538	0.7384	0.7341	0.7358	0.7334	0.7287	0.7292	0.7365	0.7333	0.7412	0.7511
斯洛伐克	0.7476	0.7443	0.7349	0.7465	0.7413	0.7354	0.7323	0.7300	0.7291	0.7276	0.7254	0.7255	0.7166	0.7132	0.7100
乌拉圭	0.7462	0.7446	0.7442	0.7450	0.7449	0.7369	0.7345	0.7348	0.7347	0.7339	0.7323	0.7303	0.7260	0.7264	0.7281
危地马拉	0.7440	0.7449	0.7399	0.7387	0.7415	0.7334	0.7322	0.7315	0.7328	0.7335	0.7194	0.7205	0.7174	0.7151	0.7160
波兰	0.7431	0.7425	0.7330	0.7350	0.7326	0.7251	0.7215	0.7190	0.6924	0.6923	0.6894	0.6910	0.6850	0.6802	0.6829
格鲁吉亚	0.7420	0.7478	0.7454	0.7454	0.7434	0.7180	0.7144	0.7113	0.7114	0.7031	0.6856	0.6300	0.6235	0.6486	0.6675
冰岛	0.7403	0.7383	0.7349	0.7382	0.7313	0.7238	0.6940	0.6658	0.6699	0.6662	0.6613	0.6653	0.6550	0.6534	0.6548
斯洛文尼亚	0.7388	0.7358	0.7255	0.7294	0.7246	0.7170	0.7128	0.7107	0.7091	0.7067	0.7050	0.7128	0.7100	0.7123	0.7216
马来西亚	0.7376	0.7363	0.7331	0.7340	0.7366	0.7220	0.7217	0.7224	0.7251	0.6961	0.6937	0.6962	0.6923	0.7137	0.7441
特立尼达和多巴哥	0.7355	0.7361	0.7341	0.7342	0.7352	0.7295	0.7452	0.7426	0.7319	0.7322	0.7315	0.7302	0.7246	0.7231	0.7141
柬埔寨	0.7348	0.7366	0.7282	0.7298	0.7256	0.7181	0.7186	0.7190	0.6920	0.6884	0.6832	0.6802	0.6764	0.6686	0.6664
克罗地亚	0.7335	0.7332	0.7207	0.7269	0.7235	0.7139	0.7093	0.7060	0.7046	0.6982	0.6939	0.6942	0.6896	0.6915	0.6943
毛里求斯	0.7332	0.7305	0.7171	0.7215	0.7055	0.7138	0.7085	0.7106	0.7091	0.7063	0.7131	0.7277	0.7247	0.7166	0.7142
约旦	0.7287	0.7286	0.7250	0.7286	0.7277	0.7261	0.7304	0.7293	0.7346	0.7328	0.7321	0.7306	0.7303	0.7315	0.7359

续表

经济体	2022	2021	2020	2019	2018	2017	2016	2015	2014	2013	2012	2011	2010	2009	2008
保加利亚	0.7230	0.7211	0.7121	0.7209	0.7248	0.7429	0.7379	0.7368	0.7384	0.7343	0.7313	0.7322	0.7244	0.7211	0.7257
萨尔瓦多	0.7195	0.7195	0.7156	0.7179	0.7181	0.7098	0.7075	0.7064	0.7074	0.7081	0.7009	0.7058	0.7076	0.7121	0.7202
阿曼	0.7189	0.7225	0.7278	0.7346	0.7349	0.7327	0.7317	0.7322	0.7282	0.7278	0.7179	0.7170	0.7182	0.7190	0.7037
安提瓜和巴布达	0.7182	0.7206	0.7128	0.7248	0.7264	0.7234	0.7228	0.7205	0.7267	0.7134	0.7078	0.7097	0.7075	0.6979	0.6889
科威特	0.7080	0.7089	0.7119	0.7109	0.7126	0.7065	0.7023	0.7004	0.6962	0.6910	0.6826	0.6830	0.6848	0.6829	0.6776
博茨瓦纳	0.7057	0.7078	0.7094	0.7090	0.7082	0.7039	0.7137	0.7052	0.7038	0.6917	0.7039	0.7083	0.7084	0.7063	0.7038
哥伦比亚	0.6921	0.6938	0.6913	0.6899	0.6902	0.6786	0.6689	0.6541	0.6540	0.6516	0.6433	0.6299	0.6255	0.6235	0.6510
越南	0.6905	0.6948	0.6902	0.6830	0.6790	0.6696	0.6664	0.6634	0.6597	0.6573	0.6545	0.6536	0.6507	0.6491	0.6534
赞比亚	0.6860	0.6869	0.6886	0.6982	0.6892	0.6816	0.6849	0.6838	0.6905	0.6903	0.6925	0.6917	0.6867	0.6787	0.6750
冈比亚	0.6857	0.6871	0.6884	0.6885	0.6900	0.6879	0.6843	0.6888	0.6937	0.6892	0.6912	0.6899	0.6881	0.6872	0.6851
蒙古国	0.6826	0.6797	0.6833	0.6853	0.6839	0.6774	0.6770	0.6748	0.6769	0.6802	0.6811	0.6712	0.6587	0.6545	0.6654
亚美尼亚	0.6815	0.6792	0.6746	0.6770	0.6758	0.6670	0.6638	0.6775	0.6802	0.6812	0.6792	0.6823	0.6802	0.6797	0.6762
圭亚那	0.6805	0.6955	0.6928	0.7148	0.7060	0.6948	0.7226	0.7204	0.7257	0.7260	0.7220	0.7210	0.7170	0.7113	0.7119
巴拉圭	0.6797	0.6783	0.6772	0.6798	0.6775	0.6703	0.6668	0.6660	0.6674	0.6685	0.6664	0.6741	0.6767	0.6787	0.6842
厄瓜多尔	0.6788	0.6841	0.6809	0.6802	0.6903	0.6863	0.6760	0.6786	0.6553	0.6555	0.6559	0.6622	0.6904	0.6929	0.6993
北马其顿	0.6766	0.6733	0.6695	0.6722	0.6722	0.6691	0.6670	0.6680	0.6675	0.6631	0.6672	0.6681	0.6635	0.6678	0.6709
阿根廷	0.6764	0.6790	0.6757	0.6817	0.7355	0.7220	0.6561	0.6406	0.6422	0.6407	0.6365	0.6635	0.6595	0.6571	0.6559
沙特阿拉伯	0.6758	0.6839	0.6856	0.6895	0.6909	0.6887	0.6872	0.6893	0.6768	0.6829	0.6800	0.6800	0.6803	0.6755	0.6771
俄罗斯	0.6688	0.6729	0.6705	0.6827	0.6930	0.6937	0.6946	0.7063	0.7139	0.7143	0.7050	0.7103	0.6969	0.6821	0.6853
泰国	0.6680	0.6824	0.6793	0.6825	0.6583	0.6546	0.6531	0.6528	0.6536	0.6505	0.6517	0.6478	0.6326	0.6373	0.6668
洪都拉斯	0.6680	0.6673	0.6643	0.6667	0.6693	0.6611	0.6584	0.6593	0.6588	0.6567	0.6427	0.6434	0.6385	0.6625	0.6982
印度尼西亚	0.6653	0.6648	0.6632	0.6619	0.6664	0.6549	0.6573	0.6572	0.6596	0.6586	0.6577	0.6557	0.6788	0.6767	0.6796
菲律宾	0.6651	0.6672	0.6675	0.6693	0.6692	0.6669	0.6637	0.6637	0.6640	0.6333	0.6352	0.6334	0.6310	0.6545	0.6576
多米尼加	0.6647	0.6912	0.6865	0.6857	0.6870	0.6760	0.6685	0.6724	0.6804	0.6812	0.6859	0.6923	0.6945	0.6841	0.6823
黎巴嫩	0.6617	0.6630	0.6489	0.6515	0.6534	0.6493	0.6506	0.6501	0.6829	0.6836	0.6798	0.6834	0.6820	0.6833	0.6869
巴巴多斯	0.6590	0.6613	0.6664	0.6645	0.6671	0.6649	0.6700	0.6655	0.6658	0.6645	0.6614	0.6613	0.6551	0.6473	0.6352
乌克兰	0.6570	0.6518	0.6461	0.6453	0.6507	0.6299	0.6285	0.6284	0.6266	0.6182	0.6192	0.6159	0.6112	0.6060	0.6227
印度	0.6563	0.6546	0.6555	0.6608	0.6636	0.6553	0.6542	0.6538	0.6549	0.6561	0.6542	0.6551	0.6457	0.6374	0.6373
摩洛哥	0.6518	0.6460	0.6443	0.6458	0.6457	0.6438	0.6410	0.6376	0.6357	0.6339	0.6367	0.6320	0.6308	0.6325	0.6317
乌干达	0.6511	0.6712	0.6762	0.6706	0.6716	0.6706	0.6721	0.6715	0.6762	0.6740	0.6740	0.6725	0.6697	0.6656	0.6703
吉尔吉斯	0.6507	0.6545	0.6465	0.6467	0.6500	0.6462	0.6472	0.6203	0.6266	0.6264	0.6340	0.6766	0.6760	0.6742	0.6788
佛得角	0.6498	0.6488	0.6577	0.6413	0.6343	0.6014	0.5682	0.5678	0.5705	0.5689	0.5706	0.5725	0.5697	0.5683	0.5693
斐济	0.6466	0.6451	0.6383	0.6316	0.6365	0.6301	0.6325	0.6340	0.6333	0.6306	0.6281	0.6232	0.6264	0.6233	0.6290
玻利维亚	0.6449	0.6426	0.6409	0.6439	0.6448	0.6428	0.6458	0.6471	0.6518	0.6511	0.6543	0.6531	0.6540	0.6603	0.6682

续表

经济体	2022	2021	2020	2019	2018	2017	2016	2015	2014	2013	2012	2011	2010	2009	2008
摩尔多瓦	0.6440	0.6410	0.6378	0.6402	0.6418	0.6354	0.6368	0.6361	0.6373	0.6096	0.6090	0.6053	0.6030	0.6046	0.6139
土耳其	0.6433	0.6408	0.6396	0.6411	0.6414	0.6640	0.6608	0.6621	0.6618	0.6601	0.6572	0.6559	0.6530	0.6494	0.6482
南非共和国	0.6414	0.6422	0.6408	0.6412	0.6437	0.6415	0.6410	0.6335	0.6357	0.6349	0.6333	0.6330	0.6289	0.6286	0.6332
萨摩亚	0.6412	0.6397	0.6327	0.6283	0.6310	0.6252	0.6269	0.6255	0.6238	0.6220	0.6206	0.6225	0.6201	0.6146	0.6145
埃及	0.6404	0.6409	0.6366	0.6384	0.6426	0.6423	0.6146	0.6157	0.6175	0.6168	0.6510	0.6827	0.6886	0.6968	0.7086
莱索托	0.6401	0.6425	0.6409	0.6378	0.6299	0.6298	0.6279	0.6168	0.6184	0.6204	0.6157	0.6127	0.6170	0.6203	0.6168
巴布亚新几内亚	0.6363	0.6410	0.6379	0.6299	0.6313	0.6441	0.6434	0.6739	0.6758	0.7018	0.6764	0.6751	0.6707	0.6616	0.6535
牙买加	0.6363	0.6352	0.6320	0.6592	0.6547	0.6553	0.6802	0.6840	0.6852	0.6847	0.6826	0.6862	0.6908	0.6958	0.7023
伯利兹	0.6359	0.6350	0.6317	0.6398	0.6410	0.6374	0.6378	0.6376	0.6396	0.6361	0.6325	0.6318	0.6276	0.6273	0.6256
肯尼亚	0.6330	0.6426	0.6387	0.6397	0.6419	0.6434	0.6416	0.6445	0.6486	0.6508	0.6510	0.6529	0.6551	0.6547	0.6530
阿尔巴尼亚	0.6312	0.6304	0.6290	0.6619	0.6617	0.6589	0.6551	0.6542	0.6534	0.6534	0.6622	0.6658	0.6533	0.6260	0.6192
波黑	0.6307	0.6289	0.6279	0.6251	0.6338	0.6268	0.6246	0.6291	0.6331	0.6556	0.6630	0.6773	0.6580	0.6549	0.6777
巴西	0.6303	0.6314	0.6392	0.6511	0.6536	0.6493	0.6493	0.6494	0.6764	0.6759	0.6751	0.6761	0.6741	0.6746	0.6758
莫桑比克	0.6297	0.6237	0.6217	0.6262	0.6227	0.6245	0.6276	0.6178	0.6242	0.6229	0.6205	0.6098	0.6070	0.6052	0.6054
突尼斯	0.6294	0.6293	0.6258	0.6294	0.6291	0.6285	0.6247	0.6300	0.6340	0.6350	0.6280	0.6281	0.6286	0.6228	0.6284
纳米比亚	0.6289	0.6273	0.6247	0.6247	0.6205	0.6232	0.6225	0.6175	0.6180	0.6142	0.6123	0.6102	0.6117	0.6121	0.6091
老挝	0.6289	0.6267	0.6260	0.6291	0.6294	0.6255	0.6248	0.6254	0.6255	0.6208	0.6202	0.6135	0.6095	0.6038	0.6018
阿塞拜疆	0.6275	0.6279	0.6318	0.6278	0.6271	0.6292	0.6313	0.6257	0.6227	0.6212	0.6213	0.6144	0.6042	0.5973	0.6181
津巴布韦	0.6245	0.6220	0.6235	0.6229	0.6218	0.6246	0.6230	0.6322	0.6093	0.6037	0.6293	0.6407	0.6309	0.6002	0.5975
白俄罗斯	0.6207	0.6223	0.6161	0.6201	0.6207	0.6160	0.6128	0.5943	0.5922	0.6079	0.6129	0.6120	0.6063	0.6020	0.6043
哈萨克斯坦	0.6195	0.6183	0.6195	0.6215	0.6155	0.6114	0.6114	0.6085	0.6087	0.6070	0.6072	0.6262	0.6214	0.6202	0.6197
苏丹	0.6190	0.6216	0.6245	0.6210	0.6219	0.6125	0.5865	0.5866	0.5890	0.5835	0.5752	0.5667	0.5594	0.5513	0.5667
孟加拉国	0.6146	0.6148	0.6152	0.6158	0.6164	0.6130	0.6124	0.6166	0.6165	0.6141	0.6126	0.6164	0.6122	0.6100	0.6119
尼日利亚	0.6103	0.6098	0.6108	0.6131	0.6127	0.6133	0.6130	0.6139	0.6230	0.6227	0.6222	0.6233	0.6241	0.6216	0.6212
马里	0.6086	0.6083	0.6078	0.6098	0.6081	0.6061	0.6103	0.6090	0.6090	0.6090	0.6060	0.6037	0.6070	0.6033	0.6039
马达加斯加	0.6084	0.6092	0.6077	0.6096	0.6037	0.6029	0.6003	0.6247	0.6280	0.6296	0.6119	0.6114	0.6080	0.6306	0.6261
阿尔及利亚	0.6061	0.6073	0.6097	0.6129	0.6129	0.6131	0.6150	0.6157	0.6153	0.6143	0.6128	0.6141	0.6156	0.6144	0.6104
巴基斯坦	0.6046	0.6053	0.6057	0.6060	0.6072	0.6062	0.6062	0.6080	0.6110	0.6101	0.6106	0.6102	0.6104	0.6067	0.6065
斯里兰卡	0.6046	0.6034	0.6014	0.5994	0.6001	0.6013	0.6032	0.6048	0.6004	0.5970	0.6278	0.6312	0.6283	0.6263	0.6293
加蓬	0.6026	0.6033	0.6058	0.6049	0.6047	0.6020	0.6023	0.6028	0.6027	0.6041	0.6007	0.5986	0.5989	0.5981	0.5918
坦桑尼亚	0.5974	0.6005	0.6012	0.6026	0.6028	0.6015	0.6024	0.6059	0.6131	0.6095	0.6088	0.6078	0.5999	0.6042	0.6069
埃塞俄比亚	0.5949	0.5949	0.5934	0.5929	0.5927	0.5894	0.5903	0.5886	0.5982	0.6001	0.5959	0.5969	0.5959	0.5903	0.5891
加纳	0.5942	0.5936	0.5938	0.6026	0.6027	0.5933	0.5985	0.5932	0.5916	0.5896	0.5956	0.6106	0.6082	0.6063	0.6060
马拉维	0.5924	0.5929	0.5926	0.5950	0.5941	0.5925	0.5922	0.5882	0.5916	0.5919	0.5708	0.5681	0.5688	0.5665	0.5801

续表

经济体	2022	2021	2020	2019	2018	2017	2016	2015	2014	2013	2012	2011	2010	2009	2008
刚果（布）	0.5900	0.5908	0.5926	0.5959	0.5956	0.6039	0.6108	0.6108	0.5957	0.5915	0.5898	0.5931	0.5953	0.6002	0.5918
尼泊尔	0.5892	0.5919	0.5883	0.5891	0.5921	0.5890	0.5895	0.5889	0.5915	0.5764	0.5856	0.5815	0.5853	0.5854	0.3253
科特迪瓦	0.5890	0.5831	0.5878	0.5880	0.5865	0.5849	0.5876	0.5818	0.5833	0.5844	0.5848	0.5810	0.5832	0.5829	0.5842
中非共和国	0.5868	0.5868	0.5870	0.5875	0.5868	0.5858	0.5873	0.5861	0.5870	0.5873	0.5841	0.5844	0.5861	0.5845	0.5828
布隆迪	0.5768	0.5782	0.5781	0.5845	0.5729	0.5794	0.5775	0.5762	0.5794	0.5806	0.5804	0.5774	0.5746	0.5699	0.5726

二　世界开放指数排名：129个经济体，2008—2022年

（黑体为G20成员国）

经济体	2022	2021	2020	2019	2018	2017	2016	2015	2014	2013	2012	2011	2010	2009	2008
新加坡	1	1	1	1	1	1	1	1	2	2	2	2	2	2	2
德国	2	2	2	3	3	3	3	4	4	4	4	4	4	4	3
中国香港	3	4	3	2	2	2	2	3	3	3	3	3	3	3	4
爱尔兰	4	3	4	4	4	4	4	5	5	6	7	7	9	10	11
马耳他	5	6	9	9	9	12	14	14	10	14	12	10	6	6	7
荷兰	6	10	11	7	12	7	8	6	8	7	8	6	10	8	9
澳大利亚	7	8	6	6	7	8	9	12	15	17	18	21	20	22	25
瑞士	8	9	8	8	5	6	5	8	7	8	6	8	8	9	12
塞浦路斯	9	12	15	15	15	25	32	32	34	53	42	16	16	14	16
英国	10	11	7	5	6	5	6	7	6	5	5	5	5	5	5
比利时	11	14	14	14	14	16	15	15	14	13	14	13	13	13	13
加拿大	12	7	5	11	10	11	11	10	9	9	10	11	12	12	8
法国	13	15	13	13	11	13	12	13	13	10	11	12	11	11	10
韩国	14	13	10	10	8	9	10	17	18	21	19	31	47	54	55
奥地利	15	18	21	20	21	20	21	20	20	18	20	17	19	20	19
新西兰	16	17	17	17	16	18	16	16	19	19	17	19	21	21	21
卢森堡	17	5	12	16	35	14	20	9	11	12	13	28	25	17	49
瑞典	18	22	24	25	24	24	23	23	21	23	22	18	18	19	20
希腊	19	24	30	34	54	58	58	58	38	36	33	37	41	37	36
丹麦	20	20	25	23	22	22	22	22	23	22	23	22	23	25	26
日本	21	16	16	12	13	15	13	11	12	11	9	9	7	7	6
意大利	22	19	20	18	17	17	17	18	16	15	16	14	14	15	15
美国	23	21	23	22	19	10	7	2	1	1	1	1	1	1	1
匈牙利	24	23	18	19	25	23	19	21	22	27	25	24	26	28	27
立陶宛	25	28	31	28	33	35	41	50	52	50	51	49	49	47	40
爱沙尼亚	26	25	27	30	27	29	29	27	28	20	24	25	28	30	31

续表

经济体	2022	2021	2020	2019	2018	2017	2016	2015	2014	2013	2012	2011	2010	2009	2008
西班牙	27	27	28	26	23	21	24	24	24	26	26	23	22	24	22
拉脱维亚	28	30	32	32	32	32	30	34	32	34	32	30	36	41	41
哥斯达黎加	29	29	26	31	29	30	28	31	53	32	40	40	56	58	58
捷克	30	32	29	29	28	27	26	25	25	29	28	26	29	27	30
中国澳门	31	34	41	24	26	31	34	33	35	38	45	33	34	33	34
芬兰	32	35	38	39	37	37	36	37	33	33	30	29	30	29	29
挪威	33	37	36	33	31	28	25	26	26	24	21	20	17	16	14
葡萄牙	34	33	35	36	39	40	39	39	37	35	34	34	35	34	33
墨西哥	35	31	22	27	20	26	27	29	29	30	29	27	24	23	23
尼加拉瓜	36	38	40	43	38	38	35	36	31	31	37	38	37	39	39
以色列	37	26	19	21	18	19	18	19	17	16	15	15	15	18	17
罗马尼亚	38	42	45	41	40	42	40	42	41	43	43	44	43	44	45
中国	39	39	39	40	42	41	42	43	44	49	52	57	58	70	69
秘鲁	40	36	33	35	30	33	49	48	50	48	48	50	50	53	59
巴林	41	40	34	37	36	34	31	28	27	25	27	36	27	32	38
巴拿马	42	43	42	42	41	36	37	30	30	28	31	32	33	36	32
智利	43	41	37	38	34	43	44	40	42	44	41	35	31	26	18
斯洛伐克	44	47	47	44	46	45	45	46	46	46	44	46	48	48	50
乌拉圭	45	46	44	46	43	44	43	41	39	39	35	42	38	35	35
危地马拉	46	45	46	47	45	46	46	45	43	40	47	48	45	45	44
波兰	47	48	51	49	51	50	53	53	63	61	62	62	66	66	66
格鲁吉亚	48	44	43	45	44	56	55	55	55	57	64	98	102	89	80
冰岛	49	49	48	48	52	51	64	76	75	76	80	80	84	86	86
斯洛文尼亚	50	53	54	54	58	57	57	56	56	55	55	52	51	49	42
马来西亚	51	51	50	52	47	53	52	49	51	60	59	58	59	46	24
特立尼达和多巴哥	52	52	49	51	49	48	33	35	45	42	38	43	40	38	47
柬埔寨	53	50	52	53	56	55	54	54	64	66	65	69	73	75	82
克罗地亚	54	54	56	56	59	59	59	61	59	59	58	59	62	60	60
毛里求斯	55	55	57	58	64	60	60	57	57	56	50	45	39	43	46
约旦	56	56	55	55	53	49	48	47	40	41	36	41	32	31	28
保加利亚	57	58	60	59	57	39	38	38	36	37	39	39	42	40	37
萨尔瓦多	58	60	58	60	60	61	61	59	58	54	57	56	53	50	43
阿曼	59	57	53	50	50	47	47	44	47	45	49	51	44	42	53
安提瓜和巴布达	60	59	59	57	55	52	50	51	48	52	53	54	54	55	61

续表

经济体	2022	2021	2020	2019	2018	2017	2016	2015	2014	2013	2012	2011	2010	2009	2008
科威特	61	61	61	62	61	62	62	63	61	63	67	66	67	64	72
博茨瓦纳	62	62	62	63	62	63	56	62	60	62	56	55	52	52	52
哥伦比亚	63	65	64	65	68	70	73	84	86	87	90	99	100	99	90
越南	64	64	65	70	73	75	77	79	81	81	84	87	88	88	88
赞比亚	65	68	66	64	70	69	66	67	65	64	60	61	65	68	76
冈比亚	66	67	67	67	69	67	67	65	62	65	61	63	64	61	64
蒙古国	67	72	70	69	72	71	69	70	70	72	68	77	80	85	83
亚美尼亚	68	73	76	76	75	77	78	69	69	71	71	68	70	67	74
圭亚那	69	63	63	61	63	64	51	52	49	47	46	47	46	51	48
巴拉圭	70	75	73	75	74	74	76	75	77	75	76	75	72	69	65
厄瓜多尔	71	69	71	74	67	68	70	68	84	85	83	82	61	59	56
北马其顿	72	76	78	77	76	76	75	74	76	78	75	78	78	76	77
阿根廷	73	74	75	73	48	54	83	91	91	91	93	81	79	81	85
沙特阿拉伯	74	70	69	66	66	66	65	64	71	69	69	70	69	72	73
俄罗斯	75	77	77	71	65	65	63	60	54	51	54	53	55	65	63
泰国	76	71	72	72	84	86	86	86	87	90	87	90	91	92	81
洪都拉斯	77	79	81	80	78	81	81	81	83	82	91	91	90	78	57
印度尼西亚	78	81	82	82	81	85	82	82	82	80	81	85	71	71	68
菲律宾	79	80	79	79	79	78	79	78	79	96	94	93	92	84	84
多米尼加	80	66	68	68	71	72	74	72	68	70	63	60	57	62	67
黎巴嫩	81	82	85	86	87	88	87	87	67	68	70	65	68	63	62
巴巴多斯	82	83	80	81	80	79	72	77	78	77	79	83	82	90	93
乌克兰	83	86	87	90	88	99	99	100	101	106	107	106	109	111	101
印度	84	84	84	84	82	84	85	85	85	83	86	86	89	91	92
摩洛哥	85	88	88	89	90	91	93	93	95	95	92	95	94	93	95
乌干达	86	78	74	78	77	73	71	73	73	74	74	76	77	77	78
吉尔吉斯	87	85	86	88	89	89	89	105	100	99	95	72	74	74	70
佛得角	88	87	83	92	99	121	130	130	130	130	130	128	128	128	128
斐济	89	89	95	100	98	98	97	95	97	97	99	103	99	100	97
玻利维亚	90	91	90	91	91	93	90	89	89	88	85	88	85	80	79
摩尔多瓦	91	94	97	95	95	97	96	94	93	112	115	118	118	113	108
土耳其	92	97	92	94	96	80	80	80	80	79	82	84	87	87	91
南非共和国	93	93	91	93	92	95	94	96	94	94	96	94	95	95	94
萨摩亚	94	98	99	104	102	105	102	102	104	102	104	104	104	105	107
埃及	95	96	98	98	93	94	109	110	109	107	88	67	63	56	51
莱索托	96	92	89	99	103	100	100	108	107	105	108	110	105	103	106

续表

经济体	2022	2021	2020	2019	2018	2017	2016	2015	2014	2013	2012	2011	2010	2009	2008
巴布亚新几内亚	97	95	96	101	101	90	91	71	74	58	72	74	76	79	87
牙买加	98	99	100	85	85	83	68	66	66	67	66	64	60	57	54
伯利兹	99	100	102	96	97	96	95	92	92	92	97	96	98	96	100
肯尼亚	100	90	94	97	94	92	92	90	90	89	89	89	83	83	89
阿尔巴尼亚	101	102	103	83	83	82	84	83	88	86	78	79	86	98	104
波黑	102	104	104	107	100	103	105	99	98	84	77	71	81	82	71
巴西	103	101	93	87	86	87	88	88	72	73	73	73	75	73	75
莫桑比克	104	108	110	106	107	107	101	106	103	100	105	116	115	112	115
突尼斯	105	103	106	102	105	102	104	98	96	93	100	100	96	101	98
纳米比亚	106	106	107	108	111	108	107	107	108	109	112	115	108	107	111
老挝	107	107	105	103	104	104	103	103	102	104	106	109	111	115	118
阿塞拜疆	108	105	101	105	106	101	98	101	106	103	103	107	117	121	105
津巴布韦	109	110	109	109	109	106	106	97	114	118	98	92	93	119	119
白俄罗斯	110	109	112	112	110	109	111	120	121	115	109	111	116	117	116
哈萨克斯坦	111	112	111	110	113	114	113	115	116	116	117	101	103	104	103
苏丹	112	111	108	111	108	113	127	125	125	126	128	130	130	130	129
孟加拉国	113	113	113	113	112	112	112	109	110	110	111	105	107	108	109
尼日利亚	114	114	114	114	115	110	110	112	105	101	102	102	101	102	102
马里	115	116	116	116	116	116	115	114	115	114	118	119	114	116	117
马达加斯加	116	115	117	117	119	118	120	104	99	98	113	112	113	94	99
阿尔及利亚	117	117	115	115	114	111	108	111	111	108	110	108	106	106	110
巴基斯坦	118	118	119	118	117	115	116	116	113	111	114	114	110	109	113
斯里兰卡	119	119	120	122	122	122	117	118	118	120	101	97	97	97	96
加蓬	120	120	118	119	118	119	119	119	117	117	119	120	120	120	121
坦桑尼亚	121	121	121	121	120	120	118	117	112	113	116	117	119	114	112
埃塞俄比亚	122	122	123	125	125	125	123	123	119	119	120	121	121	123	122
加纳	123	123	122	120	121	123	121	121	123	123	121	113	112	110	114
马拉维	124	124	124	124	124	124	122	124	122	121	129	129	129	129	126
刚果（布）	125	126	125	123	123	117	114	113	120	122	122	123	122	118	120
尼泊尔	126	125	126	126	126	126	124	122	124	129	123	125	125	124	130
科特迪瓦	127	128	127	127	128	128	125	127	127	125	124	126	126	126	124
中非共和国	128	127	128	128	127	127	126	126	126	124	125	124	124	125	125
布隆迪	129	129	129	129	129	129	129	129	129	127	126	127	127	127	127

三 世界开放指数简介

世界开放指数的构建包括如下内容：对外开放理论；指标体系、权重设置和数据来源；指标的去量纲化；不同经济体之间的加总。

（一）对外开放理论

对外开放的内涵是明确且一致的，即至少两个经济体的特定主体之间展开经济、社会、文化等领域的交往，形成货物、服务、人员、资金、信息、知识、技术、数据等的流动。本报告所称对外开放的主体，主要指宏观层面的经济体。

经济开放领域中，历史最悠久的当属跨境交换，包括但不限于跨境贸易。对外经济开放长期以跨境贸易开放为主，跨境贸易的内容长期以货物为主，最近数十年来服务的比重逐渐上升，并在部分经济体接近主导地位。对外货物贸易的内容长期以初级产品和最终用品为主，后来中间品的比重逐渐上升，甚至成为部分经济体中跨境贸易的主要部分。跨境贸易其实是一国资源（含自然资源和人力资源）禀赋和生产技术禀赋的直接体现或者延伸。这正是国际贸易经典理论所论述的基本原理。因此，本报告以跨境贸易理论为起点来构建对外开放理论模型。

基于柯斯蒂诺和罗德里格斯·克莱尔[①]对各种前沿主流跨境贸易模型的总结，经济体 i 的产品在经济体 j 的价格可表示为如下诸多变量的函数，包括同跨境开放直接相关的变量，如一个经济体进入另一个经济体的固定成本和可变成本。这些成本及对其施加影响的跨境开放领域如下。

——可变贸易成本：最终品出口和中间品进口的可变贸易成本主要受进口经济体贸易开放政策的影响；

---

① Costinot, A., Rodríguez-Clare, A., "Trade Theory with Numbers: Quantifying the Consequences of Globalization", *Handbook of International Economics*, Vol.4, 2014, pp.197-261.

——生产企业生产率，受东道经济体投资开放政策的影响；

——企业出口和跨境投资的固定成本，受金融开放政策的影响；

——全要素生产率，受知识和技术跨境扩散的影响；

——企业决策的可变成本，受契约完善和产权保护等制度质量的影响。

按此，影响跨境经贸的领域可归结为如下三类：其一，经济开放，主要是贸易开放、投资开放和金融开放；其二，社会开放，主要是旅游、留学和移民开放；其三，文化开放，主要是文化贸易和文化交流。这三类开放均包括相应绩效和政策的开放。

为突出跨境政策开放，跨境开放可被分为跨境开放绩效和跨境开放政策两类，各自均覆盖经济、社会和文化的开放。

（二）指标体系、权重设置和数据来源

1. 指标体系

对外开放测度指标体系是构建世界开放指数的核心内容，其设置遵循如下原则：（1）科学性原则，包括双向开放的均衡性、开放数据的客观性、开放内容之间的异质性；（2）代表性原则，包括开放领域的代表性、开放经济体的代表性；（3）可持续性原则，包括数据可得性高、数据源稳定、数据质量高、拓展应用前景广阔。

按上述概念、理论和原则，构成世界开放指数的指标体系分为四级，其中第二、三、四级的指标明细参见如下"权重设置"或"数据来源"部分所列表格。

相对于其他开放类指数，世界开放指数具有如下特点：其一，测度经济开放及相伴生的社会开放和文化开放；其二，内向开放与外向开放兼重；其三，开放绩效与开放政策兼重。

2. 权重设置

对各级指标体系的赋权基于专家调查法。在以问卷调查41名中国国际经济学专家的基础上，指标体系的权重设置如随后式表1和式表2所示。

式表1中的权重是各维度和指标在总权重1中的分布数值，直观显示各维度和指标之间的关系，而且各维度和指标的权重之间直接可比。

世界开放指数的指标体系及其权重（式表1）

维度		指标与权重：政策类		指标与权重：绩效类		合计	
		指标	权重	指标	权重	指标（个）	权重
经济	贸易	加权应用关税率	0.1756	货物进口	0.0562	15	0.7988
		本经济体施加的非关税壁垒措施数	0.1342	货物出口	0.0562		
		所参与的自贸协定中，本成员经济体从其他成员经济体进口的开放度	0.0264	服务进口	0.0535		
		所参与的自贸协定中，本成员经济体对其他成员经济体出口的开放度	0.0264	服务出口	0.0535		
		小计	0.3626		0.2194		
	直接投资	所参与的投资协定中，本成员经济体向其他成员经济体投资开放的程度	0.0259	外商直接投资	0.0469		
		所参与的投资协定中，其他成员经济体向本成员经济体投资开放的程度	0.0259	对外直接投资	0.0469		
		小计	0.0518		0.0938		
	证券投资	金融开放政策	0.0518	外商证券投资	0.0096		
				对外证券投资	0.0096		
	小计	7	0.4662	8	0.3326		
社会		出入境开放政策	0.0518	入境游客数量	0.0155	7	0.1337
				出境游客数量	0.0155		
				入境留学生数量	0.0176		
				出境留学生数量	0.0176		
				入境移民数量	0.0078		
				出境移民数量	0.0078		
	小计	1	0.0518	6	0.0819		

续表

维度		指标与权重：政策类		指标与权重：绩效类		合计	
		指标	权重	指标	权重	指标（个）	权重
文化		（条件成熟时引入）		知识产权服务进口	0.0123	7	0.0675
				知识产权服务出口	0.0123		
				境外居民在本经济体申请专利	0.0115		
				本经济体居民在境外申请专利	0.0115		
				科学文献的国际引用	0.0074		
				文化货品进口	0.0061		
				文化货品出口	0.0061		
	小计	0	0	7	0.0675		
合计		8	0.5180	21	0.4820	29	1.0000

　　按维度或指标所在层级独立设置的权重，参见随后式表2中的权重，同式表1的权重体系是完全一致的。

世界开放指数的指标体系及其权重（式表2）

二级指标		三级指标		四级指标	
名称	权重	名称	权重	名称	权重
开放政策	0.518	经济开放政策	0.90	加权应用关税率	0.3390
				本经济体施加的非关税壁垒措施数	0.2590
				所参与自贸协定中，本成员从其他成员进口的开放度	0.0510
				所参与自贸协定中，本成员对其他成员出口的开放度	0.0510
				所参与投资协定中，本成员向其他成员投资开放的程度	0.0500
				所参与投资协定中，其他成员向本成员投资开放的程度	0.0500
				金融开放政策	0.1000
		社会开放政策	0.10	出入境开放政策	0.1000
		文化开放政策		（条件成熟时引入）	

续表

二级指标		三级指标		四级指标	
名称	权重	名称	权重	名称	权重
开放绩效	0.482	经济开放绩效	0.69	货物进口	0.1690
				货物出口	0.1690
				服务进口	0.1610
				服务出口	0.1610
				外商直接投资	0.1410
				对外直接投资	0.1410
				外商证券投资	0.0290
				对外证券投资	0.0290
		社会开放绩效	0.17	入境游客数量	0.1896
				出境游客数量	0.1896
				入境留学生数量	0.2150
				出境留学生数量	0.2150
				入境移民数量	0.0954
				出境移民数量	0.0954
		文化开放绩效	0.14	知识产权服务进口	0.1830
				知识产权服务出口	0.1830
				境外居民在本经济体申请专利	0.1710
				本经济体居民在境外申请专利	0.1710
				科学文献的国际引用	0.1100
				文化货品进口	0.0910
				文化货品出口	0.0910

3.数据来源

基础指标数据的来源，包括世界贸易组织、国际货币基金组织、世界银行、联合国贸易和发展会议、世界旅游组织、联合国教科文组织、联合国经济与社会事务司、世界知识产权组织等，明细如下表所示。

世界开放指数基础指标的数据来源

数据源	基础指标
国际货币基金组织/世界银行（IMF/WB)	货物进口
	货物出口
	服务进口
	服务出口
	外商直接投资
	对外直接投资
	外商证券投资
	对外证券投资
	知识产权服务进口
	知识产权服务出口
联合国经济和社会事务部（UNDESA）	入境移民数量
	出境移民数量
联合国贸发会议（UNCTAD）	所参与投资协定中，本成员向其他成员投资开放的程度
	所参与投资协定中，其他成员向本成员投资开放的程度
联合国教科文组织（UNESCO）	入境留学生数量
	出境留学生数量
	文化货品进口
	文化货品出口
世界银行（WB）	加权应用关税率
世界知识产权组织（WIPO）	境外居民在本经济体申请专利
	本经济体居民在境外申请专利
联合国世界旅游组织/世界银行（UNWTO/WB）	入境游客数量
	出境游客数量
世界贸易组织（WTO)	本经济体施加的非关税壁垒措施数
	所参与自贸协定中，本成员从其他成员进口的开放度
	所参与自贸协定中，本成员对其他成员出口的开放度
Chinn–Ito Index	金融开放政策
Henley & Partners	出入境开放政策
SCImago	科学文献的国际引用

即使基于上述来源，部分基础指标的部分值仍然缺失。补充这些缺失值采用了如下办法。

——当一个经济体在整个样本期仅一个年份有数值时，所有其他年份均取这一数值。

——当一个经济体在整个样本期有一个以上不间断年份有数值时，按照就近原则将其他年份数据补齐。如，只有2011年和2012年有数值时，2011年之前的年份取2011年的数值，2012年之后的年份取2012年的数值。

——对于一个经济体在整个样本期有一个以上年份有数值，且存在间断的情况，两个间断年份之间按照就近原则取值（如，只有2011年和2014年有数值时，2012年取2011年的数值，2013年取2014年的数值）；当间断年份为奇数时，最中间的年份取两端的平均值（如，只有2011年和2015年有数值时，2012年取2011年的数值，2014年取2015年的数值，而2013年取2011年和2015年数值的平均值）。

——对于一个经济体在整个样本期都没有取值的，根据该经济体的经济发展状况、社会文化状况、制度特征和地理特征，选取同其最为接近的其他经济体，以相似经济体的取值将该经济体的缺失值补齐。

（三）指标的去量纲化

1. 原则

去量纲是基础指标数据处理的必要步骤，旨在消除不同类别指标之间的尺度差异。去量纲化坚持如下原则：按经济学供给和需求原理来设计处理方法。

对外开放为双向开放。其一，内向开放，即经济体A向境外经济体开放自己的市场，满足A自身的需求，表现为经济体A从其他经济体输入商品、资金、技术、人员等；其二，外向开放，其他经济体向经济体A开放的市场，满足境外经济体的需求，表现为经济体A向境外经济体输入商品、资金、技术、人员等。

该原则本质上是基于市场供给和市场需求去除开放指标的量纲。其一，经济体A的内向开放指标的数值如果为绝对值，就除以该经济体该指标的总值；其二，经济体A的外向开放指标的数值如果为绝对值，就除以该指标的全球总值扣除该经济体之后的数值。本报告规定，经济价值类开放指标的"相应总量指标"为GDP，人头类开放指标的"相应总量指标"为总人口，余者类推。

2.具体方法

（1）以价值衡量的流出值

这类指标包括货物出口、服务出口、对外直接投资、对外证券投资、知识产权服务出口、文化货品出口6个指标。

计算公式如下：

$$y_{it} = \frac{x_{it}}{\sum_{j \neq i} GDP_{jt}} \tag{1}$$

其中，y_{it}为t时期经济体i指标的最终值，x_{it}为指标的原始值，$\sum_{j \neq i} GDP_{jt}$为除i之外世界其他经济体GDP的加总。

（2）以价值衡量的流入值

这类指标包括货物进口、服务进口、外商直接投资、外商证券投资、知识产权进口、文化货品进口6个指标。

计算公式如下：

$$y_{it} = \frac{x_{it}}{GDP_{it}} \tag{2}$$

其中，y_{it}为t时期经济体i指标的最终值，x_{it}为指标的原始值。

（3）以人头衡量的流出值

这类指标包括出境游客、出境留学生、出境移民3个指标。

计算公式如下：

$$y_{it} = \frac{x_{it}}{\sum_{j \neq i} POP_{jt}} \tag{3}$$

其中，y_{it}为t时期经济体i指标的最终值，x_{it}为指标的原始值，$\sum_{j \neq i} POP_{jt}$为除i之外世界其他经济体人口的加总。

（4）以人头衡量的流入值

这类指标包括入境游客、入境留学生、入境移民3个指标。

计算公式如下：

$$y_{it} = \frac{x_{it}}{POP_{it}} \tag{4}$$

其中，y_{it} 为 t 时期经济体 i 指标的最终值，x_{it} 为指标的原始值，POP 为人口。

（5）专利申请

包括本经济体居民于境外申请专利和非居民在数据报告经济体境内申请专利2个指标。

经济体 i 的居民在境外申请专利的计算公式如下：

$$patex_{it} = \frac{abroad_{it}}{\sum_{j \neq i}(resi_{jt} + nonr_{jt})} \tag{5}$$

其中，$abroad_{it}$ 为经济体 i 在境外申请专利数，$\sum_{j \neq i}(resi_{jt} + nonr_{jt})$ 为除经济体 i 之外其他经济体所受理的专利申请总数（$resi$ 为居民，$nonr$ 为非居民）。

非居民在报告经济体境内申请专利的计算公式如下：

$$patim_{it} = \frac{nonr_{it}}{resi_{it} + nonr_{it}} \tag{6}$$

其中，$nonr_{it}$ 为境外居民在经济体 i 申请的专利数，$resi_{it} + nonr_{it}$ 为经济体 i 的专利申请总数。

（6）科学文献的跨境引用

计算公式如下：

$$paper_{it} = \frac{Citations_{it} - Selfcitations_{it}}{\sum_{j \neq i}Documents_{jt}} \tag{7}$$

其中，$Citations_{it}$ 为经济体 i 在年份 t 对科学文献的引用总数，$Selfcitations_{it}$ 为自引次数，$\sum_{j \neq i}Documents_{jt}$ 为除经济体 i 之外其他经济体科学文献总数。

（7）基于贸易和投资协定的对外开放指标

包括2个指标，计算公式如下：

$$T_{it} = \sum_p T_{ipt} \frac{GDP_{pt}}{\sum_{j \neq i}GDP_{jt}} \tag{8}$$

其中，T_{it} 为经济体 i 在年份 t 基于贸易或投资协定的开放度指标；GDP_{pt} 为签约伙伴的GDP；$\sum_{j \neq i}GDP_{jt}$ 为除经济体 i 之外其他成员经济体GDP的总和；T_{ipt} 为虚拟变量，当经济体i和p的协议在t年份有效力时取1，否则取0。

（8）基于贸易和投资协定的对内开放指标

包括2个指标，计算公式如下：

$$T_{it} = \frac{GDP_{it}}{\sum_p T_{ipt} \times GDP_{pt}} \tag{9}$$

其中，T_{it}为经济体i在年份t基于贸易或投资协定的开放度指标；GDP_{it}为经济体i的GDP；GDP_{pt}为签约伙伴的GDP；T_{ipt}为虚拟变量，当经济体i和p的协议在t年份有效力时取1，否则取0。

（9）非关税贸易壁垒

计算公式如下：

$$X_{it} = ntb_{it} \times hs_{it} \tag{10}$$

其中，X_{it}为经济体i在t年份发布的非关税壁垒指标，ntb_{it}为非关税措施数量，hs_{it}为涉及产品数量。

（10）不需进行额外处理的指标

包括加权关税税率、金融开放指数、护照便利指数3个指标。

3.指标的中心化

为实现指标量纲的一致性，对去规模化的指标进行如下处理：

$$y_{it} = \frac{x_{it} - min(x)}{max(x) - min(x)} \tag{11}$$

其中，y_{it}为经济体i国t年份中心化之后的指标，x_{it}为中心化之前的指标，$max(x)$和$min(x)$分别为为整个样本期内x指标的最大值和最小值[①]。

对于部分反向指标，如加权关税水平、非关税措施等，取值越大则开放度越小的，采取如下计算方式：

---

① 随着测度年份和样本经济体的增加，世界开放指数各基础指标新数据的加入可能会改变相应时序数据的最大值和最小值以及由此决定的极差，最终可能导致开放指数数值发生系统性改变，但不会改变各经济体基于开放指数数值的相对排名。为降低这种不确定性，各指标理论上的极值和极差可用来代替现实的极值和极差，其可行性值得探索。

$$y_{it} = 1 - \frac{x_{it} - min(x)}{max(x) - min(x)} \tag{12}$$

这一计算方法将所有指标投射于[0，1]。

（四）不同经济体之间的加总

世界开放指数的计算涉及两方面的权重。其一，特定领域（如维度和指标）的权重，在此前的"权重设置"中已做详细说明；其二，特定组别经济体的权重，在计算诸如"世界"和共建"一带一路"国家等的开放指数时会涉及，以下特予说明。

1.以定基价GDP数据计算各经济体的权重

经济体的权重最好以经济体的经济总量即GDP为对象来计算。经济体权重的计算可以有多种视角，如地理面积、人口数量、经济总量等。但是，如前所述，开放指数测度的是经济开放以及同经济开放相伴生的社会与文化开放，其中经济开放是主要部分（经济维度在开放指数中的权重高达0.7988）。所以，GDP等经济总量指标比其他指标更适合计算经济体在开放指数中的权重。

以不变价GDP统计数据计算经济体的权重，既能够测度经济体真正的重要性，也可以确保权重较为稳定。同现价GDP相比，特定时期内GDP的核算均选用特定基年的价格，可以反映该时期内GDP的物量水平及其变动，而不会同时混有物价水平的变动。此外，从经济活动的特点来看，特定时期内物量变动的速度一般不会较高，具有相对较高的稳定性。因此，基于不变价GDP统计数据计算的经济体权重，较好地测度了相关经济体在特定组别经济体整体中的相对重要性。

世界开放指数所涉各经济体不变价GDP统计数据来自联合国贸易和发展会议（UNCTAD）[①]，系根据联合国经济和社会部统计司出版的《国民账户主要总量数据库》（National Accocongunts Main Aggregates Database）估算。

世界开放指数2022年开始采用2015年不变价GDP数据作为经济体权重计算

---

① 联合国贸发会议统计数据库（UNCTADstat），https://unctadstat.unctad.org/wds/ReportFolders/reportFolders.aspx。

依据，此前则采用2010年不变价GDP数据。截至本指数2022年数据编制之时，部分经济体基于2015年不变价核算的2022年GDP数据尚未发布，各经济体本币计价的2022年GDP实际增速（《世界经济展望》数据库，国际货币基金组织2023年4月发布）被用来推算该数据序列，缺失数据以2021年数值替代。

2.经济体组内变动对开放指数计算的影响

按经济体组别编制开放指数，会遇到相关组别内部成员变动过频问题。

比如，共建"一带一路"国家新增成员，高收入经济体（或中等偏上收入经济体、中等偏下收入经济体、低收入经济体）内部成员增加或减少，都会使相应组别开放指数的样本发生调整，进而降低这些指数在相关调整年份前后的可比性。

为了读者及时跟踪经济体相关分组的最新实践，基于调整后的经济体分组编制开放指数是必要的。当然，如有必要，我们会采取措施兼顾分组调整前后指数序列的可比性。

四　世界开放指数样本经济体的相关分组

（以各经济体中文名拼音为序）

序号	经济体	北美地区	东亚与太平洋地区	拉丁美洲与加勒比海地区	南亚地区	欧洲与中亚地区	撒哈拉以南非洲地区	中东与北非地区	高收入经济体	中等偏上收入经济体	中等偏下收入经济体	低收入经济体	共建"一带一路"国家	发达经济体	欧盟	欧元区	二十国集团	七国集团	金砖国家
1	阿尔巴尼亚					✓				✓			✓						
2	阿尔及利亚							✓		✓			✓						
3	阿根廷			✓						✓			✓				✓		
4	阿曼							✓	✓				✓						
5	阿塞拜疆					✓				✓			✓						
6	埃及							✓			✓		✓						
7	埃塞俄比亚						✓					✓	✓						
8	爱尔兰					✓			✓					✓	✓	✓			
9	爱沙尼亚					✓			✓					✓	✓	✓			
10	安提瓜和巴布达			✓					✓										
11	奥地利					✓			✓					✓	✓	✓			

续表

序号	经济体	北美地区	东亚与太平洋地区	拉丁美洲与加勒比海地区	南亚地区	欧洲与中亚地区	撒哈拉以南非洲地区	中东与北非地区	高收入经济体	中等偏上收入经济体	中等偏下收入经济体	低收入经济体	共建"一带一路"国家	发达经济体	欧盟	欧元区	二十国集团	七国集团	金砖国家
12	澳大利亚		√						√					√			√		
13	巴巴多斯			√					√				√						
14	巴布亚新几内亚		√								√		√						
15	巴基斯坦				√						√		√						
16	巴拉圭			√						√									
17	巴林							√	√				√						
18	巴拿马			√					√				√						
19	巴西			√						√							√		√
20	白俄罗斯					√				√			√						
21	保加利亚					√				√			√		√				
22	北马其顿					√				√			√						
23	比利时					√			√					√	√	√			
24	冰岛					√			√					√					
25	波黑					√				√			√						
26	波兰					√			√				√		√				
27	玻利维亚			√							√								
28	伯利兹			√						√									
29	博茨瓦纳						√			√			√						
30	布隆迪						√					√	√						
31	丹麦					√			√					√	√				
32	德国					√			√					√	√	√	√	√	
33	多米尼加			√						√			√						
34	俄罗斯					√			√								√		√
35	厄瓜多尔			√						√			√						
36	法国					√			√					√	√	√	√	√	
37	菲律宾		√								√		√						
38	斐济		√							√			√						
39	芬兰					√			√					√	√	√			
40	佛得角						√				√		√						
41	冈比亚						√					√	√						
42	刚果（布）						√				√		√						
43	哥伦比亚			√						√			√						
44	哥斯达黎加			√						√			√						
45	格鲁吉亚					√				√			√						
46	圭亚那			√						√			√						
47	哈萨克斯坦					√				√			√						

续表

序号	经济体	北美地区	东亚与太平洋地区	拉丁美洲与加勒比海地区	南亚地区	欧洲与中亚地区	撒哈拉以南非洲地区	中东与北非地区	高收入经济体	中等偏上收入经济体	中等偏下收入经济体	低收入经济体	共建"一带一路"国家	发达经济体	欧盟	欧元区	二十国集团	七国集团	金砖国家
		地理区域分组							**收入分组**				**其他分组**						
48	韩国		✓						✓					✓			✓		
49	荷兰					✓			✓					✓	✓	✓			
50	洪都拉斯			✓							✓								
51	吉尔吉斯斯坦					✓					✓		✓						
52	加拿大	✓							✓					✓			✓	✓	
53	加纳						✓				✓		✓						
54	加蓬						✓			✓			✓						
55	柬埔寨		✓								✓		✓						
56	捷克					✓			✓				✓	✓	✓				
57	津巴布韦						✓				✓		✓						
58	科特迪瓦						✓				✓		✓						
59	科威特							✓	✓				✓						
60	克罗地亚					✓			✓				✓		✓				
61	肯尼亚						✓				✓		✓						
62	拉脱维亚					✓			✓					✓	✓	✓			
63	莱索托						✓				✓		✓						
64	老挝		✓								✓		✓						
65	黎巴嫩							✓		✓			✓						
66	立陶宛					✓			✓				✓	✓	✓	✓			
67	卢森堡					✓			✓				✓	✓	✓	✓			
68	罗马尼亚					✓				✓			✓	✓	✓				
69	马达加斯加						✓					✓	✓						
70	马耳他							✓	✓					✓	✓	✓			
71	马拉维						✓					✓	✓						
72	马来西亚		✓							✓			✓						
73	马里						✓					✓	✓						
74	毛里求斯						✓			✓			✓						
75	美国	✓							✓					✓			✓	✓	
76	蒙古国		✓								✓		✓						
77	孟加拉国				✓						✓		✓						
78	秘鲁			✓						✓			✓						
79	摩尔多瓦					✓					✓		✓						
80	摩洛哥							✓			✓		✓						
81	莫桑比克						✓					✓	✓						
82	墨西哥			✓						✓							✓		
83	纳米比亚						✓			✓			✓						
84	南非共和国						✓			✓			✓				✓		✓

续表

序号	经济体	地理区域分组							收入分组				其他分组						
		北美地区	东亚与太平洋地区	拉丁美洲与加勒比海地区	南亚地区	欧洲与中亚地区	撒哈拉以南非洲地区	中东与北非地区	高收入经济体	中等偏上收入经济体	中等偏下收入经济体	低收入经济体	共建"一带一路"国家	发达经济体	欧盟	欧元区	二十国集团	七国集团	金砖国家
85	尼加拉瓜			√							√		√						
86	尼泊尔				√							√	√						
87	尼日利亚						√				√		√						
88	挪威					√			√					√					
89	葡萄牙					√			√				√	√	√	√			
90	日本		√						√					√			√	√	
91	瑞典					√			√					√	√				
92	瑞士					√			√					√					
93	萨尔瓦多			√							√		√						
94	萨摩亚		√							√			√						
95	塞浦路斯					√			√				√	√	√	√			
96	沙特阿拉伯							√	√				√				√		
97	斯里兰卡				√						√		√						
98	斯洛伐克					√			√				√	√	√	√			
99	斯洛文尼亚					√			√				√	√	√	√			
100	苏丹						√				√		√						
101	泰国		√							√			√						
102	坦桑尼亚						√					√	√						
103	特立尼达和多巴哥			√					√				√						
104	突尼斯							√			√		√						
105	土耳其					√				√			√				√		
106	危地马拉			√						√									
107	乌干达						√					√	√						
108	乌克兰					√					√		√						
109	乌拉圭			√					√				√						
110	西班牙					√			√					√	√	√			
111	希腊					√			√					√	√	√			
112	新加坡		√						√				√	√					
113	新西兰		√						√					√					
114	匈牙利					√			√				√		√				
115	牙买加			√						√			√						
116	亚美尼亚					√				√			√						
117	以色列							√	√					√					
118	意大利					√			√				√	√	√	√	√	√	
119	印度				√						√						√		√
120	印度尼西亚		√								√		√				√		

续表

序号	经济体	地理区域分组							收入分组				其他分组						
		北美地区	东亚与太平洋地区	拉丁美洲与加勒比海地区	南亚地区	欧洲与中亚地区	撒哈拉以南非洲地区	中东与北非地区	高收入经济体	中等偏上收入经济体	中等偏下收入经济体	低收入经济体	共建"一带一路"国家	发达经济体	欧盟	欧元区	二十国集团	七国集团	金砖国家
121	英国					√			√					√			√	√	
122	约旦							√		√									
123	越南		√								√		√						
124	赞比亚						√				√		√						
125	智利			√					√				√						
126	中非共和国						√					√	√						
127	中国		√							√			√				√		√
128	中国澳门		√						√					√					
129	中国香港		√						√					√					
本表小计（个）		2	19	23	5	43	25	12	49	39	30	11	98	36	27	19	19	7	5
全球总计（个）		3	37	41	8	58	48	21	82	54	54	26	152	41	27	19	20	7	5

注：

1. 单元格内容为√者，说明相应经济体属于本表第2行相应单元格所示组别的样本，反之则不属于该组别的样本。

2. 共建"一带一路"国家统计截至2023年8月18日。

3. 全球经济体总数：世界银行《世界发展指标》涵盖217个，国际货币基金组织《世界经济展望》涵盖196个（新兴市场和发展中经济体155个、发达经济体41个），联合国贸易和发展会议数据库"产出与收入"涵盖221个（https://unctadstat.unctad.org/）。

4. 同《世界开放报告2022》附录四相比：高收入经济体总数从80增至82，低收入经济体从28降至26，中等偏下收入经济体数量和中等偏上收入经济体数量仍各为54，相关分组详情参见如下数据来源1；发达经济体总数从40增至41（增列克罗地亚），相关分组详情参见如下数据来源3。

数据来源：

1. 区域分组和收入水平分组，来自世界银行：https://datahelpdesk.worldbank.org/knowledgebase/articles/906519-world-bank-country-and-lending-groups；

2. 共建"一带一路"国家清单，来自中国"一带一路"网：https://www.yidaiyilu.gov.cn/country；

3. 发达经济体、欧盟、欧元区、七国集团成员清单，来自国际货币基金组织：https://www.imf.org/en/Publications/WEO/weo-database/2023/April/select-country-group。

致　　谢

《世界开放报告2023》的成功出版得益于该报告主题、议题设计者以及书稿作者、评论者、英文译者的共同努力，包括但不限于如下名单（各组名单主要按汉语拼音排序）。

《世界开放报告》团队的两位负责人为张宇燕和顾学明。张宇燕是中国社会科学院学部委员、世界经济与政治研究所所长、国家全球战略智库理事长和首席专家、中国社会科学院大学国际政治经济学院院长。顾学明是虹桥国际经济论坛研究中心理事长、国家高端智库商务部国际贸易经济合作研究院院长和首席专家。

来自中国社会科学院世界经济与政治研究所的作者：崔晓敏、郎平、刘仕国、马盈盈、石先进、苏庆义、臧成伟、张宇燕。

来自虹桥国际经济论坛研究中心的作者：付丽、耿楠、顾宝志、顾学明、李晓依、刘娴、王宁、肖新艳、徐德顺、许英明、于鹏、俞子荣、张剑、张久琴、张闰祎、朱聪。

来自对外经贸大学全球价值链研究院的作者：殷晓鹏、郑休休。

来自清华大学马克思主义研究院的作者：郎昆。

来自中国社会科学院大学国际政治经济学院的作者：周天蕙。

来自中国香港理工大学翻译及传译系的英文译者：唐雨琦、王睿娇、伍家鸣。

中国社会科学出版社和皇家科林斯出版集团的相关同仁为本报告的编辑出

版提供了大量支持。

由于主客观因素制约，本报告难免存在疏漏之处，望各位读者不吝赐教（可发电子邮件至刘仕国 liusg@cass.org.cn ）。

《世界开放报告》著作单位简介

中国社会科学院世界经济与政治研究所

隶属于中国社会科学院，从事世界经济与政治领域全局性、战略性、综合性议题相关政策与理论的研究，志在成为特色鲜明、富于创新、行内领先、服务中国的战略智库。

虹桥国际经济论坛研究中心

为虹桥国际经济论坛提供智力支持服务，开展与虹桥论坛主题议题相关的战略性和前瞻性研究、政策储备研究和学术交流，组织发布虹桥论坛年度报告及其他相关研究成果。